ドイツ啓蒙主義哲学研究

「蓋然性」概念を中心として

手代木 陽
TESHIROGI Yō

ナカニシヤ出版

凡例

一、本書で使用したテキストおよびその省略記号は以下の通りである。

（1）『ライプニッツ哲学著作集』（*Die philosophischen Schriften von Gottfried Wilhelm Leibniz*, hrsg.v. C. I. Gerhardt, Berlin 1875－1890; Nachdruck: Hildesheim, 1960－61）からの引用は GP. という略号を付して、書名、巻数（ローマ数字）、頁数（アラビア数字）を註で表記した。それ以外の著作は書名、頁数を註で表記した。

（2）『ヴォルフ全集』（Christian Wolff, *Gesammelte Werke*, hrsg.u.bearb.v. Jean École, Joseph Ehrenfried Hofmann, Marcel Thomann, Hans Werner Arndt, Hildesheim, 1962ff.）からの引用は WW. という略号を付して、書名（略称）、部門（ローマ数字）、巻数（アラビア数字）、頁数（アラビア数字）を註で表記した。

（3）『ランベルト哲学著作集』（Johann Heinrich Lambert, *Philosophische Schriften*, hrsg.v. Hans-Werner Arndt, Hildesheim, 1965ff.）からの引用は LP. という略号を付して、巻数（ローマ数字）、頁数（アラビア数字）を本文中と註で表記した。

（4）『ヤーコプ・ベルヌーイ著作集』（*Die Werke von Jakob Bernoulli*, hrsg.v.der Naturforschenden Gesellschaft in Basel, 1969ff.）からの引用は WB. という略号を付して、巻数（アラビア数字）、頁数（アラビア数字）を本文中で表記した。

（5）『クルージウス哲学主要著作集』（Christian August Crusius, *Die philosophischen Hauptwerke*,hrsg.v.Giorgio Tonelli, repr. Hildesheim, 1964ff.）からの引用は CP. という略号を付して、巻数（ローマ数字）、分冊数（アラビア数字）、頁数（アラビア数字）を本文中と註で表記した。

（6）『アカデミー版カント全集』（*Kant's gesammelte Schriften*, hrsg.v.der Königlich Preußischen Akademie der Wissenschaften (und Nachfolgern), Berlin, 1900ff.）からの引用はAk.という略号を付して、巻数（ローマ数字）、分冊数（アラビア数字）、頁数（アラビア数字）を本文中で、これに書名（略称）を加えて註で表記した。『純粋理性批判』からの引用は第一版（一七八一年）をA、第二版（一七八七年）をBとし、頁数を付して本文中と註で表記した。またレフレクシオーンは編者E・アディッケスによる整理番号を本文中で表記した。

以上のテキストのうち邦訳、独訳のあるものについては文献一覧で表記した。また註で略称を表記した書名の詳細は文献一覧で表記した。

二、引用の中で太字や隔字体、イタリック体などで強調された部分には傍点を付した。ただし引用箇所全部がその字体である場合は省略した。

三、引用語・書名のスペリングは、現代とは異なる場合には原文にしたがって表記した。

序文

この度学友手代木陽君が約三十年にわたる研学の成果をまとめ、博士の学位を取得されたことは、君の研究を終始見守ってきた一人として、衷心喜びにたえないものがある。

君は私の広島大学における最後の学生の一人であった。君は一九八一年大学に入学し、学部・大学院を通じてカント一筋に研究した。一九八七年にものした修士論文「カントの先験的演繹に於ける構想力について」は出色の出来ばえで、これの要約は同年広島大学の『シンポジオン』（復刊第三十三号）に掲載された。その後『シンポジオン』や広島哲学会の研究誌『哲学』等に発表した諸論文はおよそ十編に上る。一九九三年に神戸高専に就職してからは、カントと並んで、それ以前の哲学の流れに着目し、およそ十年かけてライプニッツをはじめヴォルフ、ランベルト、クルージウス等の思想を研究して、その成果を『神戸高専紀要』、広島哲学会の『哲学』にはもとより、さらに視野を広げて関西哲学会年報『アルケー』、日本カント協会『日本カント協会10』等に論文を発表した。これらの成果を総合統一することによって、この度の学位論文『ドイツ啓蒙主義哲学における「蓋然性」の研究』（本書の元となった論文）ができあがったのである。

従来カント以前の哲学は、一般に大陸合理論とイギリス経験論の二つの流れがあって、これがカントによって総合止揚され、批判哲学として完成されたといわれてきた。本論文は従来の論法と同じくカントを結びとしながら、従来の研究においてほとんど注目されなかった「蓋然性」の概念を取り上げ、ライプニッツ以降カントに至るまでのドイツ啓蒙主義哲学における本概念の展開を追究したところにその特色がある。著者によれば本書の特色は三つある。第一は、本来理性原理に基づくドイツ啓蒙主義哲学に蓋然性が組み込まれるゆえんを考察することによって、その「合理性」の意味を検討することである。第二は、論理学を従来のようにたんに論証のための「規則の学」としてではなく、未知の真理を発見し認識を拡張するための手段とする「発見の論理」とすれば「蓋然性の論理学」が立派に成立するとしたことに着目することである。こうして各思想家における蓋然性の特性を明らかにして、哲学体系におけるそれの位置づけを明らかにした。第三は、「蓋然性」の哲学的な意味を明らかにすることである。もともと蓋然性は「偶然性」と「必然性」との間に位置づけられ、論理的にはその反対の可能性を含むとされ、こうして蓋然性は懐疑論と独断論との間に浮動する他はないと言える。本書では蓋然性の基礎を、存在論的には「仮定的必然性」にまで、認識論的には「モラーリッシュな確実性」にまで射程を広げて考察している。こうしてカントに至るドイツ啓蒙主義哲学における蓋然性の概念の種々相を明らかにすることに成功したと言える。

なるほど本研究は、従来ほとんど看過されて来たドイツ啓蒙主義哲学の蓋然性の概念を取り上げて、その意義を明らかにした点において、学界における一つの功績として認めることができる。それがカント哲学によって結ばれていることも、貴君の十年に及ぶカント研究の成果に基づくものであることを忘れてはなるまい。しかし貴君のカント研究はまだ序の口であって、その奥には膨大な真理の広野があることをわきまえることが肝要であろう。かつて新カント学派運動の始めにおいて叫ばれた「カントに還れ」のモットーは現在に生きていると言うべきであろう。

二〇一三年四月八日

広島大学名誉教授
隈元忠敬

ドイツ啓蒙主義哲学研究

——「蓋然性」概念を中心として——

＊

目次

ドイツ啓蒙主義哲学研究

——「蓋然性」概念を中心として——

序章

本書の目的はドイツ啓蒙主義哲学における「蓋然性」（Wahrscheinlichkeit, probabilitas）の概念の解明にある。蓋然性とは真理や確実性そのものではないにしろ、それに準ずる人間の認識の「真らしさ」や「確からしさ」を表わす概念である。I・ハッキングの歴史的研究[1]によれば、古代・中世哲学において蓋然性は知識から区別された「通念」（endoxa）に属していた。知識が必然的な論証から得られるのに対して、通念は権威ある書物や人の証言によってその確からしさが是認されるに過ぎず、知識よりも劣るものと考えられていた。ルネサンス期になると通念を支持する「徴」（sign）という概念が医学や錬金術などの低い次元の科学で登場した。徴は自然を書物同様に権威あるものとみなし、そこから読み取られる「自然の証言」であったが、他方それは「しばしば信頼されるもの」であるために、その規則性や頻度が問題とされた。やがてこの徴から「証拠」（evidence）の概念が生まれた。それまでの証拠が権威ある書物や人の証言に見出される「外的証拠」であったのに対して、新しい証拠はあるがままの事物に見出される「内的証拠」を意味する。それは徴の規則性や頻度の側面を受け継いだ「帰納的証拠」でもあった。

十七世紀になると徴に由来する内的証拠から統計的な「確率」の概念が生まれる。それは一説によると、パスカルがシュバリエ・ド・メレから勝負事の掛け金の分け方についての質問を受け、その解法についてフェルマーに手紙を書いた一六五四年のことと言われている。パスカルは『パンセ』の中で以下のように述べる。

ひとは明日のために、そして不確実なことのために働くとき、理性に適って行動しているのである。というのも、ひとはすでに証明済みの分け前の規則（la règle des partis）にしたがって、不確実なもののために働かなければならないからである。[2]

この「分け前の規則」こそ「確率の規則」に他ならない。[3]そしてパスカルは「不確実なことのために働く」ことが「理性に適って行動している」と述べている。このことは「確率」の概念の発見によって、それまで「不確実なもの」として真理から区別されていた蓋然性が、合理的に把握可能なものとして扱われるようになったことを示すのみならず、「合理性」そのものの意味に変化がもたらされたことをも示している。[4]すなわち真なる前提から論理の規則にしたがって確実に推理することのみが「合理的」なのではなく、不確実な情報から可能な限り健全な推測を行なうことも「合理的」とみなされるようになったのである。

こうして蓋然性には、古くからの通念に由来する認識論的で、統計的背景を欠いた信念の信憑性の度合いという意味と、新しい統計的な確率という二つの意味とが混在することになる。この二面性はときにはまったく意識されず、ときには厳格に区別されながらも、どちらか一方に吸収されることなく今日に至っている。統計的な確率は十八世紀になるとモンモール、ド・モアブル、コンドルセ、ヤーコプ・ベルヌーイらの数学者によって展開され、ラプラスにおいて「古典的確率論」として最初の集大成を見出すことになる。イギリスやフランスにおいて蓋然性は数学的概念として展開され、自然科学や社会科学の方法に多大な影響を及ぼしたのである。[5] 一方こうした確率論の展開に応じて認識論的な蓋然性にも主観的な通念に由来する信念の度合いから、客観的な証拠に基づく仮説の信憑性の度合いへと改善する試みが加えられたのである。その試みの一端がライプニッツの「蓋然性の論理学」(logica probabilium, Logik der Wahrscheinlichkeit) の構想であり、その後のドイツ啓蒙主義哲学における展開であった。

十七－十八世紀のドイツ啓蒙主義哲学においては、依然としてアリストテレス－スコラ哲学の伝統を受け継いだ「存在論」をその核心とする形而上学の理論が展開されていた。そこで探究されたのは事物の「必然的真理」であり、そのためにもっぱら論証による認識の「確実性」が志向され、蓋然性は低次元の認識の特徴とみなされたと考えられている。確かにドイツではイギリスやフランスのような実証科学と結びついた確率論の積極的な展開は見出されなかった。上述の二つの蓋然性の意味が、半ば並列的に混在している状態が続いていたとも言える。[6] しかしその一方でドイツでは、蓋然性の理論は論理学や形而上学の方法の問題との密接な関わりにおいて特色ある理論としても展開されたのである。本書ではこれまであまり注目されてこなかったドイツ啓蒙主義哲学における蓋然性の理論的展開を考察する。とりわけ矛盾律や充足根拠律といった理性原理に基づくドイツ啓蒙主義哲学に蓋然性がどのように組み込まれているかを考察することによって、その「合理性」の意味を再検討することが課題となる。

ところで「蓋然性の論理学」は確率の定理に基づいて仮説の信憑性の度合いを測定する論理学の構想である。この構想の実現の可否は第一に「蓋然性」をどう解釈するかに依存している。ヴォルフのように統計的な確率という意味での蓋然性を認めても、これを証拠に基づく仮説の信憑性の度合いに適用することに難色を示す場合もある。逆に反ヴォルフ学派の思想家のようにそもそも統計的な確率という意味での蓋然性をまったく認めず、もっぱら認識論的な蓋然性のみを展開する場合もある。こうした蓋然性の解釈の相違は各々の思想家の哲学的立場の相違を反映している。

第二に「論理学」にどのような機能を認めるかに依存している。論理学は一方では矛盾律を大原則とする「論証」にその機能の大半があるとみなされていた。しかし他方まだ見出されていない真理の「発見」にその機能を見出す思想家も存在した。(7) もし論理学をもっぱら論証のための規則の学と解釈するならば、この規則を具体的な対象に適用することを意図する「蓋然性の論理学」は成立せず、蓋然性は論理学とは別の原理に基づくことになる。しかし論理学を未知の真理を発見し認識を拡張するための道具と解釈すれば、「蓋然性の論理学」はこれまでのたんなる規則の学とは異なる新しい「発見の論理学」として成立することになる。「蓋然性の論理学」の評価は論理学の区分の仕方によっても大きく異なるのである。本書ではこうした点に着目することで、各思想家の「蓋然性の論理学」に対するスタンスの相違を明らかにする。

では蓋然性は哲学的にはどこに位置づけられているのだろうか。それはまず「偶然性」と「必然性」の間にその位置を占めている。蓋然性は存在論的には事象の「可能性の度合い」を意味する。数学的な確率においてはこの可能性の度合いが定理に基づいて予め決定される。しかし蓋然性はその反対の可能性を含意している。もし蓋然性が何らかの必然性を含意するならば、それはそれ以外の可能性を否定する「絶対的必然性」とは異なる必然性でなければならない。ではそれ以外の可能性を否定しない必然性とはいかなる必然性であろうか。またそうした必然性を盲目的な偶然性から原理的に区別できるであろうか。

また蓋然性は認識論的には「確実性」と「不確実性」の間にその位置を占めている。もし蓋然性が何らかの確実性を含意するならば、それは論理的にその反対を思考することが不可能な「論証的確実性」とは異なる確実性でなければならない。ではその反対を思考する可能性を含意する確実性とはいかなる確実性であろうか。またそうした確実性をまったくの偶然を含意する不確実性から原理的に区別できるであろうか。「蓋然性の論理学」の実現の困難さは、こうした二極分裂的な特徴を持つ蓋然性の哲学的位置づけの困難さを意味するのである。本書ではこうした蓋然性の哲学的基礎の問題を解明する。特に本書では蓋然性の基礎を、存在論的には絶対的必然性とは異なる「仮定的必然性」(hypothetische Notwendigkeit)にまで、認識論的には論証的確実性とは異なる「モラーリッシュな確実性」(moralische Gewißheit)にまで射程を拡げて考察する。(8) これによってある思想家においては蓋然性として扱われているが、他の思想家においては蓋然性として扱われていない領域も考察の対象とすることが可能となるであろう。

次に本書の全体の構成を概観する。第一章ではドイツにおいて蓋然性の理論を最初に積極的に展開したライプニッツの哲学を考察する。ライプニッツは数学的な確率の定理に基づく推理法である「蓋然性の論理学」を構想した。この構想はその後のドイツ啓蒙主義哲学における展開の方向を決定づけることになるが、同時にその哲学的基礎づけという困難な問題をも提起した。すなわち「可能性の度合い」として解釈された蓋然性がいかなる根拠に基づいて規定されるのかという問題が提起されたのである。

第二章ではライプニッツの構想を受け継いだヴォルフの哲学を考察する。ヴォルフは「蓋然性の論理学」を積極的に展開しなかったが、それは「可能性の度合い」としての蓋然性を存在論の原理である矛盾律や充足根拠律に基づいて規定することが、決定論的な困難を招くことを自覚したためであると考えられる。しかしその一方で哲学的認識の方法において、蓋然性は理性原理と経験とを媒介する重要な機能を担うのである。

第三章では「蓋然性の論理学」の構想の一つの実現された姿を見出したランベルトの哲学を考察する。ランベルトはライプニッツ、ヴォルフの哲学を継承しこれを独自の方向に展開した。彼は蓋然性を推理において命題間に生じる「論理的仮象」と解釈し、推理全体の蓋然性を三段論法の結論の繋辞に分数を付加することで表わした。この論理学には「非加法的蓋然性」や「異種的な論拠の組合せ」といったきわめて特異な思想も見出される。ランベルトが「蓋然性の論理学」を積極的に展開した背景には、すべての真理は思考の究極的な構成要素である原子概念や原理の組み合わせから生じるという「結合法」（ars combinatoria）の思想的伝統があると考えられる。

第四章ではトマジウス以降の反ヴォルフ学派の系譜において、独自の蓋然性の理論を展開したクルージウスの哲学を考察する。クルージウスは同時代に展開された数学的な確率論とは無縁の哲学者であり、もっぱら認識論的な蓋然性を探究した。彼はヴォルフ学派の「論証の方法」に対抗して、「蓋然性の方法」を形而上学の方法として採用した。それが最も効果的に適用されるのが「デザイン論証」と称する神の存在証明である。その背景にはヴォルフ学派の充足根拠律を批判し、ア・ポステリオリな根拠に基づく認識の重要性を主張した彼の「自由の哲学」がある。

第五章ではライプニッツ以降の「蓋然性の論理学」の展開に一つの終止符を打ったカントの哲学を考察する。前批判期においては「蓋然性の論理学」の効用を認めていたカントは、批判期に至って論理学を思考の形式的規準であるカノンとして位置づけ、「蓋然性の論理学」をオルガノンあるいは弁証論として否定した。しかしその一方で蓋然性を「仮象性」から区別して「部分的真理」として位置づけ、「蓋然性の数学」の超越論的基礎を明らかにしたのである。またカントはクルージウスの蓋然性の方法によるデザイン論証を否定したが、神の存在を論証ではなく「理性信仰」の対象として位置づけることでその確実性を主張したのである。

ドイツ啓蒙主義哲学における蓋然性については、L・C・マドンナの一連の研究、(9) 船木祝による概念史的研究(10)があり、これらの先駆的業績を随時参照した。また蓋然性の源泉を近世初期のスコラ哲学における「モラーリッシュな必然性」(moralische Notwendigkeit)の概念に見出したS・K・クネーベルの研究も見逃せない。(11) これらの研究に対する本研究の独創性は蓋然性の概念そのものの概念史、源泉史研究のみならず、各思想家の哲学体系におけるこの概念の位置づけを解明する原理的研究にある。すなわちその体系の「合理性」と蓋然性との関係を明らかにすることが本研究の主題なのである。そのためには各哲学体系の全体像を把握するのみならず、それらの体系を比較検討することで、蓋然性の位置づけの相違点を明確にすることを目指した。

ところで哲学史研究にはいわゆる空白地帯がいくつか存在する。大哲学者の狭間にあって、これと言ってめぼしい思想的発展が存在しないとみなされている時期である。もちろん空白地帯と言ってもまったく哲学者が存在していなかったわけではない。しかしそれらの哲学者の思想は、多くの場合大哲学者の思想の側から一方的に解釈されることによって、その独創性が正当に評価されていない。ライプニッツとカントの間のドイツ啓蒙主義の哲学者たちにもそのことがあてはまる。たとえばヴォルフの哲学は従来「ライプニッツ＝ヴォルフ学派」と称されてライプニッツの哲学と一括りにされ、そのたんなる継承者とみなされる一方、カントの批判哲学に対しては克服されるべき独断論の権化として否定的に評価されてきた。本書の意図は哲学史に対する視点を変えることで、こうした哲学者の思想を正当に評価することを目指すことにもあると言えよう。

第一章　ライプニッツにおける蓋然性の哲学的基礎

本章においてはライプニッツにおける「蓋然性の論理学」の構想を概観し、そこにおいて「可能性の度合い」として解釈された蓋然性の基礎が、「可能的なものは現実存在を要求する」というライプニッツの形而上学思想にあるというI・ハッキングの解釈を検討する。

一　「蓋然性の論理学」の構想

ライプニッツは一六七八年の小論『不確実性の算定について』の中で、公平な賭けの計算における期待の正当化の問題に取り組んでいる(1)。彼は蓋然性を「可能性の度合い」あるいは「平等に可能な場合の総数に対する好適な場合の割合」と捉え、その基礎が「相互に独立した事象の起こる可能性の等しさ」にあると考えた。たとえば一つの骰子を振って3の目が出る確率が1/6であることは、六つの目の出る可能性が等しいことを前提としている。

これがいわゆる「等確率」もしくは「等可能性」の原理である。しかし彼は蓋然性をたんに数学においてのみならず、論理学においても展開しようとしていた。それがいわゆる「蓋然性の論理学」の構想である。

ライプニッツは確率の理論を学ぶ以前に、法律問題における「仮説」と「証拠」の関係の問題に取り組んでいた(2)。そこで彼は蓋然性を、仮説が証拠によって支持される度合いと考えていた。「蓋然性の論理学」の構想は、この二つの蓋然性の意味を結合し、数学的な確率の定理に基づいて、仮説が証拠によって支持される度合いを推理計算するというものであった。すなわちわれわれは一方において、ある事象が一定の頻度で生じる傾向性を統計的に把握している。他方われわれはこの傾向性に基づいて、次回の試行でその事象が生じる可能性の度合いを推理する。たとえばデータrが、繰り返される試行において結果Eが一定の頻度fで生じる傾向性を示すとする。すると「次回の試行でEが生じる」という仮説の蓋然性は、rという証拠によればfとなる。このようにしてわれわれが複数の仮説の蓋然性を比較し、そこから最も高い蓋然性を持つ仮説を選択できるならば、われわれにとってきわめて有益であるだろう。この構想についてライプニッツは『人間知性新論』の中で、テオフィルの口を借りて次のように述べている。

> 私は蓋然性の度合いを扱う新しい種類の論理学が必要になるであろう、と何度か申し上げました。アリストテレスが『トピカ』の中で少しもそれをしていないからです。彼はありふれた考えにしたがって配置されたいくつかの通俗的な諸規則を秩序づけることで満足してしまったのです。……もっともらしさを量り、その上に確固とした判断を形作るのに必要な考量をわれわれに与えることに骨を折りもせずにです。このような題材を扱ってみたい人は、運まかせの勝負事に関する研究を追うとよいでしょう。そして一般に有能な数学

者が、あらゆる種類の遊びについて詳細で十分に論証された大著を書いてくれるといいのですが。それは発見の技法を改善するのに大いに役立つでしょう。人間精神がよりよく現れるのは、最もまじめな題材の中というよりも遊びにおいてなのですから(3)。

アリストテレスは通念や経験的知識に基づいて討論の形式で行なわれる弁証法的推論の探究を論理学の一部門である『トピカ』において行なっている。マドンナによれば、ライプニッツの「蓋然性の論理学」の構想は主観的な通念に基づく推理のみを展開したアリストテレスの『トピカ』を改善し、客観的なデータに基づいて事象の可能性を推理する新しい「発見の論理学」の構築を意図するものであった(4)。ハッキングによれば、「蓋然性の論理学」の構想は二十世紀の帰納論理学のプログラムを先取りしたものであるが、その哲学的基礎はライプニッツの形而上学に見出される(5)。次にこの解釈を検討する。

二　「蓋然性の論理学」の哲学的基礎

——I・ハッキングの解釈とその批判——

われわれが数学的な確率の定理に基づいて、次の試行である事象が生じる仮説を立てる場合、その事象が生じる「可能性の度合い」を考慮する。問題はこの可能性の度合いがいかなる根拠に基づいて規定されるか、という点にある。ハッキングはその根拠をライプニッツの「可能的なものは現実存在を要求する」という思想に求める(6)。ライプニッツはこの思想について、『普遍学・記号法』で次のように述べる。

……われわれが、A、B、C、Dが本質に関しては等しく完全に、現実存在に関しては等しく要求に応じて、等しく存在するとみなすならば、そしてDはAともBとも両立できないが、AはDを除いてどれとも両立可能であり、BはCと両立可能であるとみなすならば、Dを除いたA、B、Cという結合が結果として現実に存在する。Dが現実に存在することを要求するならば、Cのみが共在可能であろう。したがって、CDの結合はABCの結合よりは不完全に現実に存在するであろう。したがって、物が最大完全性の度合いに応じて現実に存在することは明らかである。[7]

ここではA、B、C、Dという、それぞれ独立には等しく起こりうる可能性を持っている要素が、「両立可能」(compatibile)という性質にしたがって、その可能性に優劣が生じることが説明されている。これらの要素が存在する可能性を決定しているのは「完全性の度合い」である。つまり各要素間の両立可能性の度合いが高いほど、個々の要素の完全性の度合いが高まり、最大の完全性を有するものが現実に存在しうるのである。ライプニッツはこの完全性の度合いを「本質ないしは実在性の量」とみなしている。[8] この思想は『弁神論』においても展開されている。すなわち神は無数の「可能的諸世界」の中から「最善世界」を選び現実化したが、それは完全性の度合いにおいて最大である世界こそが最善世界であったからである。[9]

このようなライプニッツの思想が「蓋然性の論理学」の哲学的基礎を与えうるというハッキングの解釈は、事象の可能性の度合いがその現実化以前に規定可能であることを説明できるという利点を持っていると思われる。たとえば二つの骰子を一度投げた時に出る目の数の合計が9になる可能性は7になる可能性の2/3であることは、実際に骰子を振る以前に出る目の組合せによって予め決まっているとも言える。しかしこの思想には事象の完全性の度合いが可能性の度合いのみならず、現実化までも決定しているという疑いがある。もし神が自らの自由な意志で最善世界を選んで現実化したとすれば、あらゆる可能的諸世界は等しい程度に可能でなければならなかったはずである。確かに先の両立可能性の例においては、独立した個々の要素は等しく存在する可能性を持っていた。しかしこうした要素の相互関係によって、予めその可能性に優劣が生じるとすれば、神の意志もそのメカニズムに必然的にしたがわざるをえないのではないだろうか。

このような疑問に対しては、ライプニッツは次のように考えている。神が最善世界を選択する必然性は、「その反対が矛盾を含む」という意味での絶対的必然性ではなく、「その反対が矛盾を含まない」という意味での「モラーリッシュな必然性」である。[10] すなわち神には完全性において劣った世界を選択する自由があったのである。さらにこの選択はしかるべき根拠に促されているが、それは「傾かせるだけで強いることはない」根拠であり、神は強いられたのではなく、自発的に最善世界を選択したのである。[11]

確かにライプニッツは複数の可能的諸世界の存在を認めている点で、スピノザの宿命論を緩和しているとも言える。しかし現実に存在しうるのは唯一最善世界のみである。すなわち完全性において劣った世界は、「存在する可能性が低い」のではなく、「その可能性を持たない」のである。[12] しかも各要素間の両立可能性を決定しているのは「無矛盾性」の原理である。[13] したがって完全性の度合いも、各要素がどこまで矛盾なく共在しうるかによって決定される。神が自発的に最善世界を選択したとしても、その根拠が無矛盾性に基づくとすれば、その選択の必然性は限りなく絶対的必然性に近づくであろう。蓋然性が「その反対が矛盾を含まない」という「モラーリッシュな必然性」を含意する概念であるとすれば、ハッキングの解釈は困難であると言わざるをえないであろう。

第二章　ヴォルフにおける蓋然性の哲学的基礎

本章においてはまずヴォルフの論理学思想における蓋然性の意味を考察し、「蓋然性の論理学」の位置づけについて解明する。次に「蓋然性の論理学」の存在論的な基礎について、前章で明らかになったライプニッツの基礎づけの困難に対してどのような取り組みが行なわれているかを考察する。最後にヴォルフの哲学的方法における蓋然性の意義について考察する。

一　「蓋然性の論理学」の位置づけ

1　「不十分な根拠」と蓋然性

ヴォルフは『ドイツ語形而上学』において、「われわれがある命題について若干の、しかしながら十分ではない根拠を持っているとき、その命題を蓋然的であると称する(1)」と述べる。『ラテン語論理学』によれば、命題において述語が主語に属するように「決定する」ものが「真理のための要件」である。個々の真理の要件は「部分的な根拠」であり、これらが一緒になって「十分な根拠」を形成する。これに対して「不十分な根拠」によって述語が主語に帰せられるとき、その命題は「蓋然的」である。[2] ライプニッツの等確率もしくは等可能性の原理では、起こる事象の未決定性が諸事象の起こる可能性の等しさによって説明されたが、ヴォルフはこれを「不十分な根拠」という論理的原理によって説明するのである。

しかし蓋然性は単独の不十分な根拠だけによって評価されることはできない。不十分な根拠が十分な根拠と比較されることによってはじめて蓋然性は評価可能なのであり、「あらゆる真理のための要件あるいは十分な根拠を知っている人が与えられた個別の場合において蓋然性を評価できる」[3] のである。これは数学的確率が可能な場合の総数という「全体」に対する好適な場合の数という「部分」の関係によって評価されることに対応する。不十分な根拠に基づく蓋然性は十分な根拠に基づく「確実性」を尺度としてのみ評価可能なのである。[4]

ヴォルフによれば定義、公理、疑われていない経験、すでに証明された命題を前提とする三段論法が本来の「論証」（demonstratio）であるが、大前提であれ小前提であれ、蓋然的な前提が入ると結論は蓋然的になり、「証明」（Probatio）は蓋然的になる。すなわち蓋然的証明は形式的には論証と同一の三段論法の規則にしたがうのであり、「ただ前提によってのみ」論証から区別されるのである。[5] しかし蓋然的証明が三段論法の規則にしたがうとしても、それだけではまだ「蓋然性の論理学」とは言えない。なぜなら「蓋然性の論理学」には蓋然性そのものを評価する原理も必要だからである。では蓋然性そのものを評価する原理は、論理学や存在論のどの部分に見出されるであろうか。

2　発見法としての「蓋然性の論理学」

ヴォルフは『ラテン語論理学』で「蓋然性の論理学」の原理が「発見法」(ars inveniendi) の中にあり、そこでは「蓋然的真理の発見の仕方や蓋然性の度合いの調べ方が明らかにされる」と述べる。(6) 発見法とは「認識された真理から、他の認識されていないことを推測する練達性 (habitus)」である。(7) たとえば公式を論証できない人でも、正確に暗記していればこれを用いて方程式の解を求めることができる。すなわち発見法は習熟することで身につく技術であるために練達性と言われる。ヴォルフにしたがえば、「蓋然性の論理学」は「認識された事象の頻度」から「将来事象が起こる可能性の度合い」を推測し、それらを比較することで最も可能性の高い事象を「発見する」技術であり、数学的確率の原理の導入によってその練達性が高められるのである。(8)

ところでヴォルフは『ラテン語論理学』で自らの論理学を「理論的部門」と「実践的部門」とに区別し、「蓋然性の論理学」については「実践的部門」において論じている。(9) この区分についてヴォルフは『ドイツ語著作詳解』において次のように説明している。

理論において私は、よく一括して悟性の三つの働きと言われるもの、すなわち概念、判断、理性推理を扱っている。実践 (Ausübung) において私は、感官の正しい使用を介した経験によるのと同様に、悟性の正しい使用を介した理性による真理の発見におけるこの〔概念、判断、理性推理の〕学説の効用、さらには真理の判定、書物の判定と読み方、証明、論駁、討論における効用を示している(10)（〔 〕は筆者が補った）。

「理論的論理学」(logica theoretica) と「実践的論理学」(logica practica) という論理学の区分は、十八世紀のドイツ啓蒙主義哲学において広範に採用されていた。前者は概念、判断、推理の規則について理論的に論じる部門であり、後者は理論的部門で明らかにされた概念、判断、推理の規則を実際の認識において使用する際の効用について論じる部門である。すなわちまだ見出されていない真理の発見やすでに見出されている真理の判定において、これらの規則にしたがってより完全な認識に至る手段を具体的に示す部門である。『ラテン語論理学』においてはこの区分に加えて、伝統的な「教授論理学」(logica docens)と「実施論理学」(logica utens)という区分も見出される。(11) ヴォルフは「判明な教授論理学」(logica artificialis docens)のみが「学」(scientia)として「教えられる」(docere)のに対して、「すべての実施論理学」は「練達性」あるいは「術」(ars)であり、「教えられない」とも述べている。(12) 後に見るようにこの指摘はカントの論理学思想にも継承される。(13) そして「蓋然性の論理学」が「実践的部門」において論じられているのは、言うまでもなくこの論理学が発見法の一部だからであり、習熟することで身につく「練達性」という性格を持つからである。

しかしヴォルフは「蓋然性の論理学」の構想を積極的には展開しなかった。ライプニッツの「蓋然性の論理学」の構想は数学的な確率の定理と、仮説が証拠によって支持される度合いという蓋然性の二つの意味を結合するものであった。確かにヴォルフにおいてもこの二つの意味が見出される。マドンナによれば、ヴォルフの蓋然性にはまず主観的な蓋然性と客観的な蓋然性の区別がある。主観的な蓋然性は個人的な認識の制約性に由来する通念を意味する。客観的な蓋然性は本来事物そのものの性質に由来するが、ヴォルフにおいては人間の知性一般に課せられた制約性に由来するとみなされている。客観的な蓋然性にはさらに二つの意味の区別がある。一つは賭けごとの結果の考察において注目されるような、ある特定の出来事の物理的条件を問題とする「物理的」(aleatorisch)な側面。もう一つは仮説とこれを立証する証拠との関係という「認識論的」(erkenntnistheoretisch)

な側面。[14] この客観的な蓋然性の二つの側面が、「蓋然性の論理学」における蓋然性の二つの意味に相当する。しかしヴォルフは『神の認識と創造物の統治における自然の認識の効用について』と題する小論で、この二つの意味を明確に区別している。

われわれはつねに蓋然性のみを持つ諸命題を、仮説や恣意的な諸命題と混同してはならない。というのも、前者は蓋然性の法則にしたがって、他の根拠から導出されるのに対して、後者はたんに、それが真として確定される場合に、経験が教えることがいかに生じるかが、そこから説明されるのを見出すがゆえに、想定されるからである。[15]

ヴォルフによれば不十分に証明された命題は「意見」(opinio)であり、その一つが「哲学的仮説」(hypothesis philosophica)である。[16] 哲学的仮説は「実際にそうであることがまだ論証されていない事柄を、弁明のためにあたかもそうであるかのように想定すること」を意味する。[17] 蓋然的命題においては真理の要件は「部分的な根拠」であったが、哲学的仮説においては真理の要件は「現象」(phaenomenon)であり、現象を説明する根拠が仮説のうちに保持される。ある現象に対して仮説が承認されるとき、仮説は蓋然的である。仮説が観察された現象に対立するならば、その仮説は偽である。仮説が真理であるためにはすべての現象の根拠がそこから説明できなければならないが、その根拠が仮説によって明らかではない現象が観察されたら、その仮説は非蓋然的である。[18] 哲学的仮説と真理の要件としての現象との間には、一見蓋然的命題と根拠との間に成立する関係と同様の関係が成立しているように思われる。しかし哲学的仮説においては、われわれは現象によって事象が「存在すること」（quod）を観察するが、「いかに存在するか」（quomodo）というその「根拠」については「混雑した（confusa）概念」しか持ちえないのである。[19] 混雑した概念とはある事象を他の事象から識別するのに十分な「特色」（nota）を枚挙できない概念であり、「判明な（distincta）概念」と対をなしている。[20] たとえば「赤色」についての概念は明晰ではあるが混雑している。なぜならわれわれは赤色を他の色から感覚的に区別できるが、他の色から区別された赤色の特色が何であるかを視覚障碍者に説明できないからである。仮説においては事象の根拠について混雑した概念しか持ちえず、十分な根拠と比較できないので、仮説に蓋然性の法則をそのまま適用することはできない。したがってヴォルフは蓋然性の二つの意味を明確に区別するのである。

さらにヴォルフは「論理学の原理に依存する蓋然性」を正当に評価するためには、論理学のみならず、「存在論や他の哲学の原理に依存する特殊な原理が必要である」[21] と述べており、「蓋然性の論理学はその存在論的概念なしには決して論証されえない」[22] とも述べている。しかしヴォルフは蓋然性の評価がこうした原理に依存している側面を必ずしも明らかにはしていない。[23] またヴォルフは「蓋然性の論理学」の原理が発見法の中にあることを指摘しているが、発見法は論理学と混同されてはならず、論理学とは別のところに由来する特殊な技法を必要とするのであり、とりわけ存在論が発見法において大きな効用を持つと述べている。[24] しかしヴォルフは発見法の原理が存在論に依存している側面も明らかにはしていない。このことはヴォルフがライプニッツと比較して、発見法の原理に基づく「蓋然性の論理学」や「記号結合法」（ars characteristica combinatoria）の構想において懐疑的である、という評価に対応すると思われる。[25] そこでわれわれはハッキングが取り上げた「可能的なものは現実存在を要求する」というライプニッツの思想がヴォルフの哲学にあるかどうか、またあるとすればそれはどう解釈されているかを考察し、ヴォルフにおける蓋然性の哲学的基礎について検討したい。

二　蓋然性の存在論的基礎

1　内的可能性と外的可能性の区別

ヴォルフの主要公刊著作を見る限り、ライプニッツのような、「可能的なものが、現実に存在する以前に、現実存在を要求する」という思想そのものは見出されない。その代わり「可能的なもの」が「現実性にも至る」という記述が見出される。『ドイツ語形而上学注解』によれば、「可能的であるもの」の広義の定義は「いかなる矛盾をも含まないもの」であるが、狭義の定義は「現実性にも至るもの」であり、「この世界において可能的なもの」である。また前者はその可能性の根拠をそれ自身のうちに見出すがゆえに「内的に可能なもの」（possibile internum sive intrinsecum）とも称され、後者はそれ自身では現実性に至ることはできず、外からの原因によって現実性に至るがゆえに「外的に可能なもの」（possibile externum sive extrinsecum）とも称される。[26] 確かにヴォルフは、事象の「存在が規定されること」を、その事象の可能性に「対立（矛盾）しない」という「内的なこと」ともみなしている。[27] しかしヴォルフの哲学において諸事象が存在する可能性の度合いに差異が認められるのは、「この世界」における現実的原因との関係によって規定される「外的可能性」についてである。[28]

ヴォルフによれば、ある事象が「外的に可能」である度合いはその内的な本質によってではなく、「この世界」における他の「可能的存在者」（ens potentiale）や「現実的存在者」（ens actuale）との因果関係において決定される。その存在の十分な根拠を現実的存在者において持つ可能的存在者は、存在に「最も近い可能性」（potentia proxima）のうちにあると言われ、可能的存在者において持つ存在者は「隔たった可能性」（potentia remota）のうちにあると言われる。「隔たった可能性」のうちにある存在者は相互に系列をなし、ある存在者は「数的な度合いにおいて」他の存在者よりも現実存在に近いと言われる。(29) たとえば「人類が石油を消費する」ことが原因で「地球温暖化」が生じ、「地球温暖化」が原因で「極地の氷が溶け、海面が上昇する」とする。さらに「極地の氷が溶け、海面が上昇する」ことが原因で「海抜の低い土地が水没する」とする。「地球温暖化」は「人類が石油を消費する」ことを直接の原因として起こるが、「極地の氷が溶け、海面が上昇する」ことは「地球温暖化」という現象を介さなければ起こりえない。そこで前者は存在に「最も近い可能性」のうちにあるのに対し、後者は「隔たった可能性」のうちにあると言える。さらに「海抜の低い土地が水没する」ことは「極地の氷が溶け、海面が上昇する」という現象を介さなければ起こりえない。そこで前者は後者と比較してより「隔たった可能性」のうちにあると言える。逆に後者は前者と比較して、その存在の十分な根拠を現実的存在者により近い可能的存在者において持っていると言えるであろう。したがってヴォルフにおいて外的可能性の度合いは「充足根拠律」に基づいて規定されていると言えるであろう。ではこの「外的可能性の度合い」を蓋然性として解釈することは可能であろうか。

2　仮定的必然性と外的可能性

「可能的なものが現実存在を要求する」というライプニッツの思想においては、事象の可能性が完全性の度合いによって規定され、その度合いが無矛盾性に基づいて規定される点に決定論的な難点があった。ヴォルフにおいて外的可能性はどのように規定されているであろうか。ヴォルフによれば外的可能性には「仮定的必然性」(necessitas hypothetica）が含まれている。「仮定的に必然的なもの」とは「その反対が与えられた仮定あるいは与えられたある条件のもとにおいてのみ不可能であるか、矛盾を含むもの」を意味する。[30]『世界論』第一一四節では以下のように述べられている。

> 外的な可能性はまさしく仮定的な必然性を含んでいる。外的に可能であるものは、可視的世界にそれ自身の定められた原因が置かれるがゆえに存在する。しかしある存在の必然性は物の本質から生じるのではなく、同じ物の系列の中にある他のものの現実性から生じるから、外的な可能性には仮定的な必然性だけが伴うことは、論証によって必然的に帰結できる。[31]

先の例で言えば「地球温暖化」は「人類が石油を消費する」ことを原因とするが、「石油を消費する」ことは人類の本質に属することではなく、もし人類が石油よりも先に他のエネルギー源を発見していれば、「地球温暖化」も必ずしも起こらなかったであろうし、「極地の氷が溶け、海面が上昇する」こともまた然りであろう。ヴォルフ自身宿命論に対して、外的可能性を内的可能性から区別することの重要性を指摘している。[32]

ところで外的可能性がこの可視的世界における因果系列上に位置を占めるという条件の下での可能性を意味するとすれば、それが仮定的必然性を含意するのは、この世界以外の「可能的諸世界」を前提しているからである。ヴォルフは「内的に可能なもの」がこの世界で現実態を伴わない場合でも、別の世界で現実態を伴いうると考えている。すなわち「他の可能的諸世界が存在していて、ここでは現在の世界において現実態を伴うことのない諸々の可能的なものが現実態に至る」[33]のである。ではなぜ他の世界ではなくこの世界が現実に存在するのであろうか。これに対するヴォルフの解答はライプニッツのそれとまったく一致している。すなわちこの現実的世界があらゆる世界の中で最善の世界であるからであり、「そこにおいて最大の完全性が見出される」[34]世界であるからこそ、神は自らの意志でこの世界を選択したのである。とすればヴォルフにおいてもライプニッツ同様の困難があると言わざるをえないのではないだろうか。確かに外的可能性を内的可能性から区別することは、両者を区別しないスピノザの宿命論に対しては有効である[35]。しかしライプニッツの決定論はこうした区別を認めた上でもなお成立しうるのである。ヴォルフによれば世界の完全性はあらゆるものが「相互に一致する」ことにおいて、各々の特殊な根拠が「絶えず一様に普遍的な根拠へと解消される」ことにおいて成立する[36]。そして世界の完全性の度合いはこの一致の度合いによって決定されるのである。したがってヴォルフにおいても世界の完全性の度合いはやはり無矛盾性に基づいて規定されていると言えるのではないだろうか。その限り神の選択の必然性は限りなく絶対的必然性に近づくであろうし、この世界における因果系列上の外的可能性に伴う必然性もまた然りであろう[37]。

以上の考察から、ヴォルフの思想において「外的可能性の度合い」を蓋然性と解釈することには困難があることが明らかになった。ヴォルフ自身「蓋然性の論理学」の構想について懐疑的であったのは、こうした存在論的な基礎づけの困難さを自覚していたことに拠るものであると言える[38]。

三　哲学的方法における蓋然性

ヴォルフは蓋然性の存在論的基礎づけの困難さを自覚したが故に、「蓋然性の論理学」を積極的に展開しなかった。しかしこのことによってヴォルフは蓋然性を哲学的にまったく無意味なものとして排除したわけではない。それはつねに確実な真理を獲得できるとは限らない人間にとって、真理に到達するために方法論上欠かすことのできない手段を意味する。哲学は「学」である以上、そこでは確実な原理から正しい推理によって論証しなければならず、最高の確実性が求められることは言うまでもない。しかし確実な認識とは言えないが、その有用性の故に哲学において認められるものがある。それが蓋然的なものである。とりわけ「先行する蓋然的な認識なしには確実な認識が獲得されえない場合(39)」に効力を発揮するのが「哲学的仮説」である。

ヴォルフによれば哲学的仮説とは「実際にそうであることがまだ論証されていない事柄を、弁明のためにあたかもそうであるかのように想定すること(40)」であった。確かに哲学的仮説は不十分に証明された「意見」に過ぎない(41)。しかし「それによって発見されるべき確実な真理への道が開かれる限りは(42)」、哲学的仮説はその存在意義が認められるべきである。ヴォルフは『哲学序説』において次のように述べる。

哲学的仮説においては、われわれが生起するのを観察する事象を弁明することが許されているから、実際にそうであることが知られていないものを、あたかもそうであるかのように想定する。もしそこから、われわれが生起するのを観察した以上のことが導出されるなら、仮説以外の方法では決して考えることがなかったであろうようなことを観察したり、実験によって解明したりする手がかりがそこから得られる。その結果、経験に矛盾することがそこから帰結するかどうか、われわれは一層確信を持てるようになる。なぜなら、もしそこから経験に矛盾することが導出されるなら、仮説が偽であることが明らかになるが、これに対してそれらが経験に合致することが認められるなら、それらの蓋然性が増大するからである。このようにして、発見されるべき確実な真理への道が開かれる(43)。

天文学においては過去何世紀にもわたってこうした方法によって研究が行なわれてきた。天文学者は惑星の運動について真の理論を直ちに展開することはできなかったが、仮説を考案し、観察と比較されるものを導出することでこうした理論を探究したのである。そこで彼らはもし仮説を考案しなければ決して思い浮かぶことのなかったような観察方法を考え出したり、それによって仮説を改良していく手段を手にしたのであり、ついには確実な真理へと到達したのである。ヴォルフは哲学においても探究されるべき真理の基礎が推測によって設置される場合には、天文学の方法を模倣することが有効であると考えているのである。

しかし哲学的仮説は「仮説」であって「定説」(dogmata)ではない。哲学的仮説においては実際にその通りであることがまだ証明されていないことを想定するのであるから、それは確実性からはまだ遠く隔たっている。仮説を哲学において定説と認められている命題の論証に原理として用いれば、定説を確立するために不確かなものを用いることになる。したがって「仮説は哲学で定説として認められている命題の論証に原理として関わってはならない」[44]のである。ヴォルフは哲学的仮説の効用を認めながらも、これを濫用することを厳しく戒めているのである。

ところでヴォルフは確実な「論証」の前提となる命題として、定義、公理、すでに証明された命題に加えて「疑われていない経験」(experientia indubitata)を挙げていた。[45]これは前三者のみを前提として認めたアリストテレスの論理学の伝統に対するヴォルフの論理学の顕著な特徴である。[46]この「疑われていない経験」とはいかなる経験を意味するのであろうか。『ラテン語論理学』第五一七節においてヴォルフは命題の真理性の認識について、「あるものが主語に属するのを観察する(observare)だけでは、その命題が真であることを認識しているとは言えない[47]」と述べている。ヴォルフにとって命題の真理とは「述語が主語に属する」ことであり、述語が主語に属するように「決定する」ものが「根拠」(ratio)であった[48]。そして「命題の真理性を認識する(agnoscere)」ということは「いかにして主語に含まれるものによって述語が決定されているかを理解する[49]」こと、すなわち「根拠」を理解することに他ならない。たとえば「雪が白い」ことをわれわれは観察している。その場合われわれは雪の概念の中にそれが白くなるように決定するものがあることを理解している。しかしそれが何であるかをわれわれはまだ理解していない。したがって「いかにして主語に含まれるものによって述語が決定されているか」という「根拠」を理解していない。自然学者がこれを明らかにするとき、彼はようやくこの命題の真理性を認識するのである[50]。

アルントによれば、ヴォルフはここで「雪が白い」という命題が「真理であること」と、この命題の「真理への洞察」とを区別している。前者が「雪が白い」ことの「事実的な確認」であり、後者がこの命題における主語と述語の関係へのわれわれの「合理的な洞察」を意味する。そして前者が「疑われていない経験」に相当する。すなわちわれわれはいかにして「雪」という主語に含まれているものによって「白い」という述語が決定されているかという「真理への洞察」をまだ行なえていないものの、「雪が白い」という命題が「真理であること」は、「述語が主語に属することをわれわれが異論の余地なく観察する場合」すでに確実であるのである[51]。したがって「「雪が白い」という命題が真理であることには疑いはない[52]」のである。

では「疑われていない経験」はなぜ「疑われていない」のであろうか。ここでわれわれは「疑われていない経験」が「疑われていない」(indubitata)と言われても、「疑われえない」(indubitabilis)とは言われていないことに着目しなければならない[53]。もし命題が「疑われえない」のであれば、それは論証的に確実な命題であり、われわれはその反対が不可能であることを矛盾律にしたがって「証明する」ことができる。これに対して「疑われていない」命題とはその反対がこれまで一度も成立していないが故に疑われていないが、われわれはその反対が不可能であることを矛盾律にしたがって「証明する」ことはできない。たとえば「空中に投じられた石は地上に落下する」という命題は、その反対がこれまで一度も成立していないが故に疑われていないが、われわれはその反対が不可能であることを矛盾律にしたがって「証明する」ことはできず、せいぜい「想定する」ことができるのみである。確かにヴォルフは「疑われていない経験」を蓋然性に算入してはいない。もし蓋然的な命題が証明の前提であるとすれば、ヴォルフにとってそれは「蓋然的証明」であって「論証」ではなくなるからである。しかし「疑われていない経験」の反対の不可能性が「証明」されず、「想定」されるに過ぎないとすれば、むしろそれはヒュームが「知識」から区別して「広義の蓋然性」とみなした「証明」(proof) の領域に算入されるであろうし、(54)後述するクルージウスの「モラーリッシュな確実性」に相当するであろう。(55)したがってわれわれは「疑われていない経験」を「蓋然性の最大限」とみなすこともできるであろう。(56)

ではなぜヴォルフは「疑われていない経験」を「論証」の前提に加えたのであろうか。その理由はヴォルフの哲学的方法における経験の重視にあると考えられる。確かに経験はたんなる「事実的認識」として「哲学的認識」や「数学的認識」よりも下位の段階に位置づけられている。しかし経験はたんに認識の初期段階にのみ位置づけられているのではない。『哲学序説』第二十六節においてヴォルフは「あるものが生起しうることを根拠に基づいて知っており、かつ実験を行なうことによってそれと同じものが生起するのを観察する人がいれば、その人は哲学的認識を事実的認識によって確証 (confirmare) している」と述べている。(57)「あるものが生起しうることを根拠に基づいて知っている人」は哲学的認識を持っているが、その人が「それと同じものが生起するのを観察する」ならば事実的認識をも持っていることになる。すなわちその人は哲学的認識を事実的認識によって「確証する」のである。ヴォルフによれば「現実に生起することが観察されるものは、それの生起しうること自体は疑われえないし、したがってまた事実的認識は一切の疑念を払拭している」ので、哲学的認識が事実的認識によって確証されるのは明らかである。[58]

ヴォルフにしたがえばわれわれの認識は事実的認識に始まり、哲学的認識を経て、数学的認識において最高の段階に至るが、その真理性は再び事実的認識によって確証されなければならないのである。こうした経験の確証機能にこそ、ヴォルフ自身によって「理性と経験の結婚」（connubium rationis et experientiae）[59]と表現された哲学的方法の要石があると言うこともできるであろう。蓋然性の存在論的基礎づけを困難にしたのは「偶然性」と「必然性」という相対立する二つの側面を持つその二義性にあった。しかしこの二義性は「方法論」にとってはむしろ有利に働いている。なぜなら蓋然性は偶然性とも必然性とも結合することによって理性と経験を橋渡しするのに役立つからである。[60]ヴォルフ哲学における蓋然性の意義は、哲学的認識の「合理性」が仮説や経験によって補完されることを明らかにした点にあると言うことができるであろう。

第三章　ランベルトにおける「蓋然性の論理学」の展開

ライプニッツによって構想され、ヴォルフに継承された「蓋然性の論理学」はヴォルフ学派のランベルトにおいて一つの実現された形を見出すことになる。本章ではランベルトにおける「蓋然性の論理学」とその哲学的基礎について考察する。ランベルトの「蓋然性の論理学」は一七六四年の主著『新オルガノン』において展開されているが、この論理学書はその表題が示す通り、ヴォルフやカントの論理学とは異なるきわめて特異な性格を有している。われわれはまず『新オルガノン』における蓋然性の意味を概観する。さらにランベルトの「蓋然性の論理学」はヤーコプ・ベルヌーイが『推測法』において展開した蓋然性の理論に基づいて成立しており、いくつかの学説を共有している。本章では両者の理論を、「非加法的蓋然性」と異種的な論拠の「組合せ」の問題を通して比較することでその特徴を解明する。(1)

一　『新オルガノン』における蓋然性

1　「オルガノン」としての論理学

『新オルガノン』の全体は四部構成で、第一部「思考法則論」（Dianoiologie）では認識および学問的証明の論理的形式が、三段論法を主軸とする推理形式において探究される。第二部「真理論」（Alethiologie）では第一部で考察された推理形式とその内容となる「単純概念（基本概念）」との結合が論じられる。第三部「記号論」（Semiotik）では概念およびその結合の表現方法としての記号の探究が行なわれる。そして第四部「仮象論」（Phänomenologie）[2]においては、先行する部分で考察された原理を実際に人間の知覚認識に適用する際に生じる「仮象」（Schein）の探究を通して、誤謬を避け真理を獲得する方法が明らかにされる。「蓋然的なもの」の考察はこの「仮象論」の第五章を占める。

したがって『新オルガノン』は論理学書であるが、ランベルトはヴォルフのように理論的論理学と実践的論理学、あるいは教授論理学と実施論理学という区分を採用していない。その理由はこの著作を「オルガノン」と命名したランベルトの方法論的意図に関係している[3]。元来オルガノンとは機関や道具を意味する。ランベルトは「序文」で自らの著作をアリストテレスとベーコンのオルガノンを引き継ぐものと位置づけている（LP. I, Vorrede）。アリストテレスにとって論理学がオルガノンであるのは、三段論法に代表される「証明」の機能に学問研究の道具としての意味を見出したからであった。これに対しベーコンにとって論理学がオルガノンであるのは、帰納法に代表される「発見」の機能に学問研究の道具としての意味を見出したからであった。ランベルトのオルガノン

はこの両者が一体となった機能すなわち「証明的発見」に学問研究の道具としての意味を見出そうとするものなのである。(4)

ランベルトは第一部「思考法則論」第二四九節で、「結論が推理によって証明される」ことと、「結論が推理によって発見もしくは産出される」こととは「一緒のこと」であるとし、その相違は「結論に対する前提を探求したか、前提によって結論に導かれたか」にのみあると述べている（LP. I, S.154）。のみならずランベルトは「推理は証明にのみ役立つ」と考える学者に対して、証明よりも発見のために推理を用いる方が「はるかに自然である」とも言う。なぜなら「証明においては結論が真であるかどうかをすでに知っていなければならない」からであり、真理の「発見が先行する」からである（LP. I, S.154－155）。したがってランベルトのオルガノンはその最も理論的な部分においても、すでに発見という実践的な機能が働いている。ランベルトは「序文」において、オルガノンの本質について次のように述べる。

オルガノンの本質は、それが人間的認識のあらゆる部分に、したがってあらゆる学問に適用されうるところにある。そしてひとが後に留まることを望まないならば、その使用において技能（Fertigkeit）を獲得するに違いないところにある。したがって私は、オルガノンが個別の場合や諸部分に適用されるところでは、解明に役立つ実例を諸学問から引き出さずにはいられなかったのである（LP. I, Vorrede）。

ランベルトはオルガノンの本質がたんに思考の規則の解明に留まるのではなく、それを実際に認識や学問において適用するところにあると考えているのである。すなわちランベルトの意図は「普遍数学」をモデルとする確実な知識獲得の方法の探究にあり、具体的には数学の方法を哲学に適用するためのさまざまな条件を探求することにあるのである。(5) そしてその中でも「仮象論」はその適用において生じる仮象を探究することで、誤謬を避け真理を獲得する方法が明らかにされる最も実践的な部門であると言えるであろう。(6) ランベルトの「蓋然性の論理学」はまさにこの「仮象論」において展開されているのである。

2 「論理的仮象」としての蓋然性

ランベルトによれば仮象とは「真と偽の中間物」である。この仮象のために「そう見える」ところのものが「実際にそれである」ところのものと取り違えられるのである。ランベルトは「仮象論」において、この仮象を感性的仮象、心理学的仮象、道徳的仮象に区別する。これらの仮象はその源泉から主観的仮象、客観的仮象、(主観と客観の)関係的仮象にも分類されるが、いずれにせよ認識主観と客観との間において何らかの仕方で生じるという点では一致している。ところでランベルトはこれらの仮象とは別に「蓋然的なもの」をも仮象の一種とみなしている。しかし蓋然的なものは他の仮象と比較して、きわめて特異な性格を有している。「仮象論」第三十節でランベルトは次のように述べている。

蓋然的なものは仮象の一つの限定された種であり、しかもきわめて特殊な種であるので、この〔蓋然的なもの〕論理学は仮象論の中で単独の、そしてきわめて特殊な部分を形成する。蓋然的なものはある命題の他の真なる、あるいはたんに蓋然的な諸命題への不十分な数の関係のうちにある。これらの関係は総括されて、そこから見れば命題がある度合いにおいて蓋然的である側面を形成する。他の側面から見れば命題は偽であるように見えるので、蓋然性が優勢であるかあるいは非蓋然性が優勢であるかどうかという、度合いの比較あるいは根拠と反対の根拠との比較が重要であるだろう（LP. II, S.234.〔　〕内は筆者が補った）。

蓋然的なものが「きわめて特殊な仮象の一種」であるのは、それが他の仮象のように認識主観と客観との間において生じるのではなく、「ある命題の他の命題への関係」において生じることに由来する。ある命題が他のある命題との関係においては真とみなされるが、別のある命題との関係においては偽とみなされる場合、真偽はある命題そのものにおいてではなく、各々の命題との関係という「側面」（Seite）において成立しているに過ぎない。蓋然的なものがこうした命題の「真偽の決定不可能性」という事態を表わしているとすれば、それが真と偽の中間物である仮象の一種であることは明らかである。

ランベルトは「仮象論」第一五一節以下で「蓋然的なもの」の概念を詳細に分析している。この概念は第一に「賭け事」を意味する。それは「事象の本質にしたがってそれが起こることを期待できるもののことであり、にもかかわらずその反対が起こることも不可能ではない」（LP. II, S.321）ものを意味する。その前提になっているのは、すべての事象は各々独立には同一の可能性を有するという「等確率」の原理である。蓋然性は同一に可能な場合の総数に対する当該事象が起こる場合の数の割合を意味し、ア・プリオリに規定される。ところで賭け事を無限に続ける場合、蓋然性はア・ポステリオリにも規定される。この場合、蓋然性は当該事象が起こる場合と起こらない場合の数の合計に対する起こる場合の数の割合を意味する。これがこの概念の第二の意味である。

しかしランベルトが最も重視するのは第三の、「推理」における蓋然性である。われわれが、ある物事がある原因もしくは根拠から必然的に生じることを理解する場合、この根拠－帰結関係は確実である。しかしこの物事が生じる原因が複数考えられる場合、この根拠‐帰結関係は不十分であり、われわれは蓋然性のある度合いにのみ到達できる。逆にわれわれは原因を「仮説的に」(hypothetisch) 想定し、そこから結果を導出する。この推理法は一種の「帰納法」(Induktion) であり (LP. II, S.329)、ランベルトはこれを三段論法の推理形式に置き換えて考察している。[7] そこで仮説とみなされるのは物事ではなく命題であり、命題の真理性が帰結からどれほど証明されるかが問題となる。たとえば「AはBである」という命題を仮説とし、概念A、Bの徴表 (Merkmal) をそれぞれ「AはC、D、E、F……である」、「BはC、D、E、F……である」とする。今C、D、E、F……が概念A、Bに固有の徴表であるとするならば、これをMに置き換え、仮説とみなされる命題を小前提として「BはMである。AはBである。ゆえにAはMである」という推理が成立する。この仮説を証明するためには大前提を換位して「MはBである。AはMである。ゆえにAはBである」と変形すればよい。[8] この場合「AはBである」は確実な命題と言える。しかしもしC、D、E、F……が概念B以外の概念の徴表となる可能性があるとすれば、それは確実ではなく「蓋然的な」命題となる。ランベルトはこの蓋然性の計算が「賭け事の理論」に還元されると言う (LP. II, S.338)。すなわち、C、D、E、F……という徴表が各々独立した同一の可能性を持つ物事とみなされており、この場合の蓋然性はこれらの徴表の総数に対する、概念Bに帰属する徴表の数の割合ということになるのである。

このようにランベルトは蓋然性を推理において命題間に生じる「論理的仮象」として解釈しており、これは今日の論理的解釈に相当する。[9] ランベルトによれば三段論法の推理における蓋然性の計算で問題となるのは、推理全体の蓋然性である結論の蓋然性をどう表わすかということである。ランベルトは「仮象論」第一八七節以下でこの問題に取り組んでいる。たとえばAを主語、Bを述語、CをAに属するある個体とする。大前提を「3/4 A

はBである」、小前提を「CはAである」とするならば、大前提はすべてのAの中の3/4が述語Bを所有することを意味する。小前提においてはある個体CがAに属することがわかっているが、それが述語Bを所有する3/4Aに属するか、述語Bを所有しない1/4Aに属するかはわかっていない。ただし3/4Aが述語Bを所有することが大前提から明らかであるので、個体Cが述語Bを所有する蓋然性は3/4となる。これを「Cは3/4Bである（C ist 3/4B）」と表わすと分数は述語Bに付加され、「個体Cは確実に3/4Bである」ということになる。そうではなく、ここでは「CがBである」可能性が「CがBでない」可能性よりも三倍大きいということが表わされなければならない。つまり蓋然性を意味する分数は「である」という「繋辞」に付加されるべきである。ランベルトはこれを「CはB 3/4である（C 3/4ist B）」と表わすのである（LP. II, S.359）。こうした蓋然的な推理についてランベルトは三段論法の格式にしたがった詳細な分析を試みており、そこには「非加法的蓋然性」という独自の理論も現われている。以下ではこの蓋然性について、ヤーコプ・ベルヌーイの理論との比較によって解明する。

二 「非加法的蓋然性」を巡る展開
――ヤーコプ・ベルヌーイとの比較（一）――

1 問題の所在

G・シェーファーによれば、ラプラスによって集大成された「古典的確率論」はほとんどが「互いに排反である事象の確率を加算した合計は1である」という「加法的蓋然性（確率）」（additive probability）の理論であるが、二人の数学者（哲学者）が例外的に合計が1にならない「非加法的蓋然性」（non-additive probability）の理論を展開している。それはヤーコプ・ベルヌーイとランベルトである。[10] 彼らに共通しているのは、確率論を推理に適用する「蓋然性の論理学」を展開していることである。この論理学は裁判の証言や信念の信憑性の度合いを「数学的に」評価することでこれらに合理的な根拠を与えることを意図していたが、当初からその評価方法についての困難をも抱えていた。たとえばアカデミー版カント全集の中のイエッシェ編集の『論理学』では、「蓋然性の論理学」は「不十分な根拠が十分な根拠に対して持つ関係を数学的に考量できない」が故に不可能である、というカントの批判が見出される。彼によれば哲学的認識においては数学的認識のように蓋然性の諸要素を「数値化する」(numeriren) ことができず、たんにその「重みを量る」(ponderiren) ことができるのみである。[11]「数値化する」とは十分な根拠が与える確実性を尺度 (=1) として、これとの比較において不十分な根拠が与える蓋然性を確定することだが、哲学的認識においては不十分な根拠を十分な根拠とではなく、「反対する不十分な根拠」と比較するだけで一定の尺度が存在せず、その「重みを量る」ことしかできないのである。非加法的蓋然性の問題は、まさしくこの二つの評価方法の間に存在する。すなわちあらゆる蓋然性は「数値化」できるか、もし不可能であるとすれば論拠の「重みを量る」ことはいかにして可能であるか、という問題である。本節ではこの問題をヤーコプ・ベルヌーイとランベルトの理論において考察し、その歴史的・現代的意義を問う。

2　ヤーコプ・ベルヌーイにおける蓋然性の概念

ヤーコプ・ベルヌーイの主著『推測法』(Ars Conjectandi) は彼の死後八年たった一七一三年に出版された未完の大著であり、数学史においてはしばしばこの時代の確率論形成のマニュフェストとみなされる重要な著作である。全体は四部構成で、第一部はホイヘンスの論文『骰子遊びにおける計算について』の再録とその註釈、第二部は順列と組合せの理論、第三部は偶然ゲームに関するさまざまな解法、そして第四部は「政治的・道徳的・経済的なことにおける前述の理論の効用と応用」と題されるが、その内容は確実性、蓋然性、偶然性といった概念の分析、知識と推測についての説明、さまざまな論拠に基づく推測法とその蓋然性の計算、ア・プリオリな蓋然性とア・ポステリオリな蓋然性の区別などからなっており、著名な「大数の法則」に関する記述もこの部分に収められている。

ベルヌーイは『推測法』第四部第一章で蓋然性の概念について考察する。彼によれば、第一に蓋然性は「確実性の度合い」(gradus certitudinis)である。確実性には「客観的確実性」と「主観的確実性」がある。前者は「それ自身において確実なことであり、物事が現在もしくは未来において実際に存在することのみを示す」(WB.3, S.239)が、後者は「われわれとの関係において確実なことであり、物事が実際に存在することに関して、われわれの認識の基準のうちに存する」(ebd.)。それは「すべてにおいて同一というわけではなく、より多いとか、より少ないとかいうように多様に変化する」(ebd.)のであり、その基準は「ある物が存在する、存在するであろう、存在したということがより多くの、あるいはより少ない蓋然性を持つことに応じて、大きくなったり、小さくなったりするより不完全な基準」(ebd.)である。蓋然性が確実性の度合いであるのは、こうした「主観的確実性の度合い」という意味においてである。

第二にベルヌーイはこの確実性の度合いを「数値化する」ことが可能である、と考えている。これについてベルヌーイは次のように述べる。

したがって蓋然性とは確実性の度合いであり、部分が全体から区別されるように、確実性から区別される。

たとえばａあるいは1で示される完全で絶対的な確実性が五つの蓋然性あるいは部分から成り立っていると想定し、そのうちの三つがある出来事の現在のあるいは未来の生起を支持し、残りがその反対を支持するとすれば、この出来事は3/5 ａあるいは3/5の確実性を所有する（ebd.）。

すなわち確実性は部分に分割可能な全体であり、確実性を1とすればその部分である蓋然性は分数によって表わされる。蓋然性はあらゆる起こりうる場合の総数に対する当該の物事が起こる場合の数の比を意味し、その前提になっているのは、すべての物事は各々独立には同一の可能性を有するという「等確率」の原理である。

ところでベルヌーイによればわれわれは確実で疑いえないものを「知る」（intelligere）と言い、そうでないものを「推測する」（conjicere）と言う。そして物事を推測するということはその「蓋然性を測定する」ことに他ならない（WB.3, S.241）。したがってわれわれが判断や行為において、より確実な、より理にかなった選択を行なう目的で物事の蓋然性を測定する術を「推測法」（ars conjectandi）と称するのである。この推測法こそベルヌーイの「蓋然性の論理学」に他ならない。そして蓋然性は論拠の「数」（numerus）によって評価されると同時に「論拠の重み」（pondus argumentorum）を量ることによっても評価される（ebd.）。ベルヌーイはこの「論拠の重み」を「証明する力」（vis probandi）とも解している[12]。したがって、「蓋然性の論理学」とは物事の蓋然性を、「論拠の数」や「論拠の重み＝証明する力」を量ることによって評価する術ということになるであろう。次にベルヌーイの「蓋然性の論理学」における非加法的蓋然性について考察する。

3　ヤーコプ・ベルヌーイにおける非加法的蓋然性

ベルヌーイは『推測法』第四部第三章で「論拠」(argumentum) の二つのあり方を区別する。一つは論拠が「存在する」(existere) というあり方であり、今一つは論拠が「証示する」(indicare) というあり方である。前者においては論拠そのもののあり方が問われ、後者においては論拠とその帰結との関係が問われる。そして各々のあり方が「偶然的」であるか、「必然的」であるかによって、次の三つの場合が起こりうる (WB.3, S.243)。①論拠が偶然的に「存在し」、必然的に「証示する」場合。②論拠が必然的に「存在し」、偶然的に「証示する」場合。③論拠が偶然的に「存在し」、偶然的に「証示する」場合。たとえば私の兄が長期間音信不通のままであるとし、死、怠惰、仕事という三つの論拠があるとしよう。まず死という論拠は兄が生存中とも考えられるから、偶然的に「存在する」。しかし死ねば必ず手紙は書けないから、必然的に「証示する」。次に怠惰という論拠は私が兄は怠惰であると知っているから、必然的に「存在する」。しかし怠惰が手紙を書くことを妨げない場合もあるから、偶然的に「証示する」。そして仕事という論拠は兄が仕事中であるともないとも考えられるし、仕事は必ずしも手紙を書くことを妨げないから、偶然的に「存在し」、偶然的に「証示する」(WB.3, S.243－244)。ベルヌーイは、これらの論拠が与える蓋然性は「賭け事に参加する人の分け前」のように計算されると述べており (WB.3, S.244)、数学的確率をモデルとしていることは明らかである。以下では上述の三つの場合についての計算を検討する。

①論拠が偶然的に「存在し」、必然的に「証示する」場合。

論拠が「存在すれば」ある物事を必然的に「証示する」(＝1) が、「存在しない」場合いかなる物事をも「証示しない」（＝0）から、この論拠が与える蓋然性は論拠が「存在する」蓋然性に等しい（ebd.）。先の例で言えば、兄の死という論拠が「存在する」ことによって兄の音信不通を「証示する」蓋然性ということになる。ところでベルヌーイはこの論拠が与える反対の蓋然性を考慮していない。これは論拠が「存在しない」が「反対を証示する」場合で、先の例で言えば、兄の死という論拠が「存在しない」場合に兄が手紙を書くことを「証示する」蓋然性ということになる。しかしこうした論拠の不在だけでは兄が手紙を書くことを証明できないから、実際の蓋然性は0になる。したがってこの論拠が与える蓋然性の合計は論拠が「存在する」蓋然性に等しくつねに1より小さくなり、「非加法的に」計算されるのである。

②論拠が必然的に「存在し」、偶然的に「証示する」場合。
この論拠は必然的に「存在する」（＝1）から、ある物事を「証示する」蓋然性自体に影響はない。しかしこの論拠は「混合した論拠」（argumentum mixtum）である。「混合した論拠」とは他の場合にその物事の「反対を証示する」論拠である（ebd.）。したがってこの論拠はある物事を「証示する」以外の場合において、その物事の「反対を証示する」のである。先の例で言えば、怠惰という論拠が「存在する」ことによって音信不通を「証示する」蓋然性と、怠惰でも手紙を書くという「反対を証示する」蓋然性との合計は1であり、「加法的に」計算される。

③論拠が偶然的に「存在し」、偶然的に「証示する」場合。
①よりこの論拠が「存在し」ある物事を「証示する」蓋然性は、論拠が「存在しない」場合にはいかなる物事

も「証示しない」（＝0）から、論拠が「存在する」蓋然性とある物事を「証示する」蓋然性の積に等しい。また論拠が「存在し」、その物事の「反対を証示する」蓋然性は、論拠が「存在する」蓋然性とその物事の「反対を証示する」蓋然性の積に等しい（WB.3, S.245）。②よりある物事を「証示する」蓋然性とその物事の「反対を証示する」蓋然性の合計は1であるから、この論拠が与える蓋然性の合計は論拠が「存在する」蓋然性に等しい。先の例で言えば、仕事という論拠が「存在し」手紙を書かないことを「証示する」蓋然性と、仕事という論拠が「存在しても」手紙を書くという「反対を証示する」蓋然性の合計は、仕事という論拠が「存在する」蓋然性に等しくつねに1より小さくなり、「非加法的に」計算されるのである。

以上の考察から、①と③のように論拠が「偶然的に存在する」場合に蓋然性の合計が1よりも小さくなる非加法的蓋然性が生じる事になる。論拠が「偶然的に存在する」ことによって蓋然性の合計が1よりも小さくなるのは、論拠が「存在する」場合にはある物事を「証示する」としても、「存在しない」場合にはいかなる物事も「証示せず」、したがってその物事の「反対をも証示せず」、その蓋然性は0になるからである。このにある場合には物事を証明するが他の場合にその反対の物事を証明しない論拠をベルヌーイは「純粋な論拠」（argumentum purum）と称している（WB.3, S.244）。確かにベルヌーイ自身は「純粋な論拠」が非加法的蓋然性を与えることを自覚的に論じてはいない。しかし加法的蓋然性の理論において前提とされる事象の排反性がベルヌーイの「純粋な論拠」に適用できないことは明らかである。こうした非加法的蓋然性の理論を自覚的に展開したのがランベルトである。

4　ランベルトにおける非加法的蓋然性

ランベルトは「仮象論」第一九二節で、大前提と小前提の両方が条件付きである推理を第一格の格式にしたがって展開する。大前提を「3/4 AはBである」、小前提を「Cは2/3 Aである」とすると、結論は「CはB 1/2である（C 1/2ist B）」となる。これに基づいて第一九三節で大前提を否定命題としたときの推理を展開する。すなわち大前提を「1/4 AはBではない」とし、小前提を「Cは2/3 Aである」とすると、結論は「CはB 1/6ではない（C 1/6ist nicht B）」となる。ところで第一格の推理には「小前提は肯定命題でなければならない」という規則がある。ランベルトはもし小前提が否定的であるとすると、「結論がいかなる外観を呈するかは未規定のままである」（LP. II, S.362）と言う。小前提を「Cは1/3 Aではない」という否定命題にすることができないのは、もし個体Cが残りの1/3のAの属性のうち一つでも持たないことがわかれば、それは「Cは1/3 Aではない」ではなく、たんに「CはAではない」ということを意味するに過ぎず、したがって個体Cが述語Bを所有するかどうかは規定できず、推理自体が成り立たなくなるからである。[13] すなわち「われわれは、小前提が結論の蓋然性に影響を持つ場合には、推理形式とその規則にしたがって規定される結論の蓋然性の部分のみを見出す」（ebd.）のである。

以上のことから1/2の場合において結論が肯定されるのに対して、1/6の場合において否定され、両者の合計は2/3となり1にはならない、ということが明らかとなる。ランベルトは「残りの1/3の場合においては、結論が全体的あるいは部分的に肯定か否定かはまったく未規定のまま残されている」（ebd.）と述べている。この未規定性の原因は、一つはわれわれが小前提において個体Cが主語Aの属性の2/3を所有することはわかっているが、残りの属性を所有するかどうかについては未知である、ということにある。この未知性はベルヌーイの「純粋な論拠」がある場合にはある物事を証明しても、他の場合にそれと反対の物事を証明しないことによって生じる未知性に通じるところがある。しかしランベルトはさらにその原因が、「小前提の否定はいかなる結論をも導かない」というこの推理に固有の性質にあることを指摘している。この指摘はベルヌーイにはないランベルトの特徴であり、シェーファーはこれをより根本的な原因とみなしている。[14] ランベルトはこの未規定性の原因が三段論法の推理規則にあることを示したのである。[15] したがってランベルトの「蓋然性の論理学」は三段論法と「賭け事」をモデルとする数学的確率の理論とを結合することによって、ベルヌーイよりも一層非加法的蓋然性の理論を先鋭化した、と言えるだろう。しかしこうした非加法的蓋然性の理論は確率論史全体の中でいかなる意味を持つであろうか。

5　ケインズの確率論と非加法的蓋然性

ラプラスによって集大成された古典的確率論の重要な原理の一つが「互いに排反である事象の確率を加算した合計は1である」という「加法性」にあり、この原理がその後の確率論の展開の枠組みを規定したことは、数学史上周知のことである。さらにこうした確率を推理に適用する試みはその後幾人かの数学者（哲学者）によって行なわれたが、[16] ベルヌーイやランベルトの非加法的蓋然性の理論を継承し展開した者は皆無に等しいという事実を踏まえるならば、このような理論は確率論の形成期に一時的に生じた歴史的産物に過ぎない、という評価もやむなしという感がある。確かにベルヌーイは蓋然性が「論拠の重みを量る」ことによっても評価される、と述べている。しかしその評価を有限個の総数から成る「賭け事」のモデルではなく、マドンナが指摘しているような「普遍数学」のモデルにしたがって行なうまでには至らなかったと言わざるをえない。[17] すでに見てきたとおり、ベルヌーイは明らかに賭け事のモデルに基づく「数値化」を志向しており、ランベルトに至ってはこれを三段論法と結合することを意図しているのである。

しかし非加法的蓋然性の理論が命題間には未規定の部分があることを明らかにしたことも事実である。すなわち数学的な賭け事のモデルにおいては、ある物事が起こる蓋然性が規定されると同時にその反対の物事が起こる蓋然性も規定された。しかしベルヌーイは「純粋な論拠」がある物事を証明しても他の場合にその反対の物事を証明しないことを示し、ランベルトは三段論法の推理規則が妥当する範囲内でのみ結論の蓋然性が規定可能であることを示した。このように蓋然性が数学的な規則のみならず、論拠の性質や推理規則にしたがって評価されることを明らかにしたことは両者の功績と言えるだろう。

今日においても確率の解釈は決して一義的ではない。確率を知識や信念の信憑性の度合いと見る「認識論的な」解釈は「主観説」や「論理説」に継承され、客観的・物質的世界の性質と見る「客観的な」解釈は「頻度説」や「傾向説」に継承されている(18)。その中には必ずしも数値化や加法性を前提としない学説も存在する。たとえばケインズは命題間には数値化されない確率関係が存在することを指摘している。彼は以下の四つの場合を区別する。①確率関係が全く存在しない場合。②共通の尺度が不在で一つの系列における度合いとして数量的に測定できない場合。③共通の尺度は存在するが未知の部分が残る場合。④すべての確率が共通の尺度によって数値的に規定可能な場合(19)。この区分にしたがえばベルヌーイやランベルトの非加法的蓋然性はさしあたり③に該当するであろう。ところがケインズは②の場合にも確率関係が成立すると主張する。彼によればこの場合蓋然性は不可能性と確実性の「オーダー」の中に位置づけられている。そのオーダーの中での大小は、色における「より青い」「より緑色である」といった、その程度の大小を数量的に規定できないものになぞらえることができる。われわれがある物を「より青い」と言うときには、それが他の物より青さを量的に多く持っているのではなく、「ある色がその色のオーダーの中で一つの位置を占めており、それは比較されているもう一つの色よりも標準的な色に近い」とみなしているのである。[20] ケインズは蓋然性が数量に還元されない質的関係においても成立することを示したと言えよう。

またシェーファーは非加法的蓋然性の理論が「確率の限界」(probability bounds) の理論として復活していると言う。[21] たとえばわれわれがある事象と他の事象の確率をそれらがいかなる頻度で起こったかという基準で比較するとしよう。そのためにはこれらの事象が完全に同質的であり、頻度という「数値」によってのみ比較可能であることが前提とされる。しかしわれわれが眼にする自然現象や社会現象はきわめて多様である。たとえば六十五歳以上の死亡率は災害や疫病の流行によって変化し、つねに同一の比率で保険金の額を決定することは不可能である。確率を頻度だけによって確定しようとすれば、この死亡率はわれわれには不可知ということになる。そこでこの比率がある決まった値ではなく、ある値を上限・下限とする一定の範囲内にあるとみなすのが「確率の限界」という考え方である。この理論は決して数値化を放棄するのではなく、数値化を前提としつつも現象間の質の相違をも考慮に入れており、また加法性が決して不動の前提ではないことも暗示していると言えよう。われわれはこのような理論にベルヌーイやランベルトの非加法的蓋然性の理論の現代的意義を確認できるであろう。

三　異種的な論拠の「組合せ」を巡る展開
――ヤーコプ・ベルヌーイとの比較(二)――

1　問題の所在

ライプニッツによって構想された「蓋然性の論理学」は当初から証言や信念の信憑性を「数量的に」評価する

ことについての困難を抱えていた。たとえばアカデミー版カント全集の中のイエッシェ編集の『論理学』では、蓋然性の諸要素は数学的認識においては「同種的」(gleichartig)であるので数量的に比較できるが、哲学的認識においてはそうした諸要素が「異種的」(ungleichartig)であるために蓋然性の評価自体が不可能である、というカントの批判が見出される。[22] 推理において組み合わされた異種的な論拠の蓋然性をいかに評価するか、という問題はカントの批判を待つまでもなく、当の「蓋然性の論理学」の提唱者達にとってきわめて重要かつ困難な問題であった。こうした論拠の「組合せ」(combination)の問題に積極的に取り組んだのがヤーコプ・ベルヌーイとランベルトである。[23] 本節の目的はランベルトのベルヌーイ批判の検討を通してこの問題に対する取り組みの一端を明らかにし、その現代的意義を問うことにある。

2　ヤーコプ・ベルヌーイにおける異種的な論拠の組合せ

ヤーコプ・ベルヌーイは『推測法』第四部で、蓋然的な推理における「純粋な論拠」と「混合した論拠」という異種的な論拠の組合せの問題に取り組んでいる(WB.3, S.244－247)。「純粋な論拠」とはあることを証明するが他の場合にそれと反対のことを証明しない論拠であり、「混合した論拠」とはあることを証明するが他の場合にそれと反対のことを証明する論拠である。ベルヌーイは次のような例を挙げる。ある人が雑踏の中で刺され、目撃者が犯人は黒い外套を着ていたと証言したとする。もしグラックスと他の三人の男が黒い外套を着ていたら、黒い外套はグラックスが犯人であることの「混合した論拠」である。なぜなら犯行がグラックス自身による場合には黒い外套は彼の罪を証明するが、他の三人の中の一人による場合には必然的にグラックスの無罪が証明されるからである。もしグラックスが話を聞いて顔面蒼白になったら、それはグラックスが犯人であることの「純粋な論拠」である。なぜならもし彼が罪の意識から顔面蒼白になったら、それは彼の罪を証明するが、他の理由で顔面蒼白になったとしても、それは彼の無罪を証明するわけではない（もちろん罪も証明しない）からである（WB.3, S.244）。

ベルヌーイはまず「純粋な論拠」同士の組合せについて論じる（WB.3, S.245－246）。ある「純粋な論拠」があることを証明する蓋然性は、総数をa、証明する場合をb、証明しない場合をcとすると、$\frac{b}{a}=\frac{a-c}{a}$となる。他のもう一つの「純粋な論拠」があることを証明する蓋然性は、総数をd、証明する場合をe、証明しない場合をfとすると、$\frac{e}{d}=\frac{d-f}{d}$となる。これら二つの「純粋な論拠」の組合せによってあることが証明される蓋然性は、一方の論拠が何も証明しない場合にも別の論拠があることを証明するので、

$$\frac{a-c}{a}\times\frac{d-f}{d}+\frac{c}{a}\times\frac{d-f}{d}+\frac{a-c}{a}\times\frac{f}{d}=\frac{ad-cf}{ad}=1-\frac{cf}{ad}$$

となる。さらにこれに総数をg、証明する場合をh、証明しない場合をiとする「純粋な論拠」が加わると、これら三つの論拠の組合せによってあることが証明される蓋然性は、

$$\frac{g-i}{g}\times\left(1-\frac{cf}{ad}\right)+\frac{i}{g}\times\left(1-\frac{cf}{ad}\right)+\frac{g-i}{g}\times\frac{cf}{ad}=\frac{adg-cfi}{adg}=1-\frac{cfi}{adg}$$

となる。

次にベルヌーイは「混合した論拠」同士の組合せについて論じる（WB.3, S.246）。第一の「混合した論拠」があ

ることを証明する場合を b、第二の論拠が証明する場合を e、第三の論拠が証明する場合を h とし、各々の論拠が反対を証明する場合を c、f、i とすると、第一の論拠によってあることが証明される蓋然性とその反対が証明される蓋然性の比は $b:c$ である。同様に第二の論拠による蓋然性の比は $e:f$、第三の論拠による蓋然性の比は $h:i$ である。これらの「混合した論拠」の組合せによってあることが証明される蓋然性とその反対が証明される蓋然性の比は $beh:cfi$ である。したがってこれらの論拠の組合せによってあることが証明される蓋然性は $\frac{beh}{beh+cfi}$、その反対が証明される蓋然性は $\frac{cfi}{beh+cfi}$ である。ここでベルヌーイは bfh や cei といった組合せを考慮の外においているが、これは「混合した論拠」同士の組合せにおいては、あることが証明されると同時に別の論拠によって反対のことが証明される事態はありえないということを意味している。

最後にベルヌーイは「純粋な論拠」と「混合した論拠」の組合せについて論じる（ebd.）。上述のように三つの「純粋な論拠」の組合せによってあることが証明される蓋然性は、$1-\frac{cfi}{adg}=\frac{adg-cfi}{adg}$ である。あることを証明する場合が q、反対を証明する場合が r の「混合した論拠」と、あることを証明する場合が t、反対を証明する場合が u の「混合した論拠」との組合せによってあることが証明される蓋然性は $\frac{qt}{qt+ru}$ となり、また反対が証明される蓋然性は $\frac{ru}{qt+ru}$ となる。今上記の三つの「純粋な論拠」と、二つの「混合した論拠」の組合せによってあることが証明される蓋然性を考えると、以下の三つの場合が想定される。

①「純粋な論拠」と「混合した論拠」が両方ともあることを証明する場合。

②「純粋な論拠」があることを証明し「混合した論拠」がその反対を証明する場合。

③「純粋な論拠」が何も証明しないが、「混合した論拠」があることを証明する場合。

これら三つの場合を合計すると、

$$\frac{adg-cfi}{adg}\times\frac{qt}{qt+ru}+\frac{adg-cfi}{adg}\times\frac{ru}{qt+ru}+\frac{cfi}{adg}\times\frac{qt}{qt+ru}=\frac{(adg-cfi)\cdot 1}{adg}+\frac{cfiqt}{adg(qt+ru)}=\frac{adg(qt+ru)-cfi(qt+ru)+cfiqt}{adg(qt+ru)}=\frac{adg(qt+ru)-cfiru}{adg(qt+ru)}=1-\frac{cfiru}{adg(qt+ru)}$$

となる。ベルヌーイの蓋然性の計算の特徴は、上述の②からも明らかなように、「純粋な論拠」があることを証明し「混合した論拠」がそれと反対のことを証明する場合にも、あることが証明される蓋然性が保持される、と考えている点である。これに対してランベルトは、こうした異種的な論拠が対立する場合にはあることが証明される蓋然性が0になるとして、ベルヌーイの主張を批判している。次にこの批判を考察してみよう。

3　ランベルトのベルヌーイ批判

ランベルトは『新オルガノン』第四部「仮象論」第二三七節で二人の証人の組合せによる「信憑性」（Glaubwürdigkeit）の計算に取り組んでいる（LP. II, S.398－399）。彼はaを真、eを偽、uを真偽が不明の要素とし、10a＋3u＋1eという式で表わされる証人の信憑性と12a＋5u＋2eという式で表わされる証人の信憑性とを組み合わせることで、120aa＋86au＋15uu＋11eu＋2ee＋32aeという結果を得る。[24] このうち真と真偽が不明の要素の組合せ（au）、偽と真偽が不明の要素の組合せ（eu）はそれぞれ真、偽に算入される。しかしaeという真と偽の組合せは、一方の証人のある証言を信じると同時に他方の証人のそれと反対の証言を信じることはできないから除外される。これにより先の結果は206a＋15u＋13eとなる。ランベルトはこの計算を以下のように公式化する。

証人1の信憑性：Ma＋Nu＋Pe　証人2の信憑性：ma＋nu＋pe

合計：(Mm＋Mn＋mN)a＋(Nn)u＋(Pp＋Pn＋pN)e

この公式に基づいてランベルトは第二三九節でベルヌーイの公式を批判する。ランベルトによればベルヌーイは先に提示した二種の論拠の他に「あることを証明せず他の場合にそれと反対のことを証明する」第三の論拠を提示する（LP. II, S.401）。この論拠と「純粋な論拠」の組合せは、純粋にあることのみを証明する論拠とその反対のことのみを証明する論拠との対立を意味する。ランベルトは第二三七節でaeという真と偽の組合せを除外したことに基づいて、そもそもこのような事態が不可能であり、あることが証明される蓋然性は0になるはずである、と述べる（LP. II, S.402）。ところがベルヌーイの公式ではこのような場合にもあることが証明される蓋然性が確保されることになる。すなわち $1-\frac{cfiru}{adg(qt+ru)}$ という公式において「あることを証明せず他の場合にそれと反対のことを証明する」という論拠が想定されるのは、$q=0$ あるいは $t=0$ の場合であるが、この場合にも $1-\frac{cfi}{adg}$ という「純粋な論拠」の蓋然性が確保されることになり、あることが証明される蓋然性は0にならないのである（ebd.）。ランベルトはベルヌーイの公式における「純粋な論拠」の無条件の優位性を批判しているのである。こうした批判をトドハンターは正当な指摘とみなしており、[25] シェーファーもランベルトがベルヌーイの公式の誤りとより劣った普遍性を正したと解釈する。[26] これに対してハッキングはベルヌーイとランベルトの公式を異なる場合において適用可能なものとして双方を支持している。[27] これらの研究を手がかりにランベルトの批判の妥当性を検討してみよう。

ランベルトの批判は以下の点において正当である。上述のようにベルヌーイは「混合した論拠」同士の組合せにおいては、あることが証明されると同時に他の論拠によってその反対が証明される事態をはじめから除外している。しかし「純粋な論拠」と「混合した論拠」という異種的な論拠の組合せにおいては、後者が反対を証明する場合にも前者があることを証明する蓋然性が確保されている。ベルヌーイはこれらの二つの組合せの相違についていかなる説明もなしに、後者の場合において無条件に「純粋な論拠」の優位を認めているのである。

しかし以下の点において問題をも含んでいる。第一にランベルトが「あることを証明せず他の場合にそれと反対のことを証明する」論拠を、$q=0$ あるいは $t=0$ というように「混合した論拠」があることを証明する蓋然性が0になる場合として想定している点である。確かにベルヌーイはこのような論拠を想定しているが、彼はこれを「純粋な論拠」として想定しているのである（WB.3, S.246）。もしランベルトが想定するように「混合した論拠」があることを証明する蓋然性が0になる場合であるならば、その論拠は純粋にその反対のことのみを証明する論拠であり、もはや「混合した論拠」ではなくなるであろう。確かにこうした論拠を第三の種類の論拠とみなす可能性は残されている。しかしこうした異種性を前提とするランベルトの批判は、「純粋な論拠」と「混合した論拠」という異種性を前提とするベルヌーイの公式には妥当しないのではないだろうか。

第二にランベルトが純粋にあることのみを証明する論拠とその反対のことのみを証明する論拠との対立において、あることが証明される蓋然性が無条件に0になると考えている点である。実はこうした事態についてはベルヌーイも証書の日付の真偽の例を通して言及している（WB.3, S.247）。まず証人の名誉や地位を考えるならば、真の蓋然性が49/50であるとする。これに対して偽造によって得られる利益を考えるならば、偽の蓋然性が999/1000であるとする。しかしそこから直ちに双方の蓋然性がほぼ等しいと結論を下してはならない。もしその証人は職務に忠実ではないという悪評を耳にすれば、真の蓋然性は0になりえる。すなわちベルヌーイは、真の蓋然性が0になるのは「証人の悪評」という特殊な論拠があたえられる場合においてである、と考えているのである。ランベルトはベルヌーイが「あることを証明せず他の場合にそれと反対のことを証明する」論拠を「計算せず提示しただけである」と批判する（LP. II, S.401）。その真意はベルヌーイが異種的な論拠の対立において、あることを証明する蓋然性が0になる場合を「計算せず提示しただけである」という点にある。上述のようにベルヌーイはこのような場合をある特殊な論拠が与えられる場合にのみ可能であると考えたが故に、あえて一般的な公式への算入を拒んだと言える。ではわれわれは両者の公式の妥当性をどのように評価するべきであろうか。次にハッキングの解釈を手がかりにしてこれについて考えてみよう。

4　蓋然性の再評価

ハッキングはあることを証明する蓋然性が0になる場合を、蓋然性の「再評価」（reassessment）をする場合として考察している[28]。たとえば七月のある月曜日に、「月曜日」という日付と「明日寒波到来」という表題だけが読み取れる新聞の切れ端を拾ったとしよう。この切れ端は「明日寒波が到来する」というわれわれの信念の「純粋な論拠」である。仮にこの切れ端が今日の朝刊ではなかったとしても直ちに「明日寒波が到来しない」ことを証明するわけではないからである。他方「七月の寒波到来は一％に満たない」という気象データがあるとする。このデータは一％以下の「寒波到来」と九九％以上の「寒波不到来」を証明する「混合した論拠」である。これらの論拠は「因果的」には独立している。明日の天候が新聞の予報に左右されることはないからである。しかし「認識論的」には両者は必ずしも独立していない。もしこの切れ端を拾った場所が普段生活している日本の都市であったとすれば、この切れ端が今日の朝刊であり明日の寒波到来を証明する蓋然性は限りなく0に近づくであろう。なぜならわれわれは長年の経験から七月の寒波到来がありえないことを知っているからである。このような場合に信念の蓋然性が再評価され、ランベルトの公式が妥当する。逆にこれらの論拠が認識論的に独立している場合には再評価はありえず、ベルヌーイの公式が妥当するのである。ハッキングは後者の場合をわれわれに「完全な情報」（complete information）が与えられている場合として想定している。たとえば均質の硬貨をk回投げたとしよう。われわれは何回表が出たかその結果を直接知ることはできないが、記録装置にアクセスすることができる。そしてわれわれはこの記録装置が九〇％の場合においてこのk回の試行の結果を示すが、一〇％の場合において他の試行の結果を無作為に示すことを知っているとする。もし記録装置がk回すべて表が出たことを示すとすれば、この試行の結果がすべて表であるという信念の蓋然性はほぼ九〇％となるであろう。なぜならわれわれはこの記録装置が九〇％の場合においてk回の試行の結果を示すことを「確実に知っている」からであり、この情報を実際に硬貨の表が出た結果と同じであるとみなすことができるからである。この蓋然性はkの値がどれほど多くなろうとも、新たな論拠によって再評価されることはなくつねに一定であろう[29]。

われわれはこうしたハッキングの主張をおおむね支持する。ランベルトは蓋然性の再評価をする場合を一般的と考え、ベルヌーイはしない場合を一般的と考える。どちらも反対の場合を特殊な論拠が与えられる場合とみなし、これを例外とすることで公式を確立している。したがってトドハンターやシェーファーの解釈も、再評価をする場合においてのみ妥当すると言える。そしてわれわれはここに当時の「蓋然性の論理学」の試みの一つの限界を見ることもできるであろう。異種的な論拠によって成立している推理の蓋然性を計算する公式は、たんに一般的な蓋然性の評価の規則に過ぎず、結局は各々の場合に与えられている論拠を個別に考察することなしには、真の蓋然性の評価を行なうことはできないのである。われわれはランベルト自身の次の言葉にも耳を傾けるべきであろう。

われわれが特殊な場合において、一般的な混乱した蓋然性に留まることを望まないのであれば、証人がしばしば誤ったり虚言をしうるという可能性を、いかなる選択も与えられた場合への顧慮もなく基礎に置いてはならないのであり、ましてある証人における可能性を他の証人における可能性と詳細な比較や選択もなしに結び付けてはならないのである。なぜならそのような仕方によっては、しばしばごく普通の蓋然性の度合いを越え出ることは決してないであろうし、とりわけ証言が矛盾している場合にはそうだからである（LP. II, S.403）。

ではベルヌーイやランベルトのこうした「組合せ」理論は現代の確率論においていかなる意義を持つであろうか。最後にこの点について述べたい。

5　「組合せ」理論とベイズ主義

今日「認識論的」な蓋然性の理論において最も強い影響力を持っているのは「ベイズ主義」と称される「条件

付き確率」の理論であろう。この理論は一般に「ある証拠に基づいた仮説についての事前確率を、その後に得られた新しい情報のもとで、事後確率として改訂する手順を表現した」理論と言われる[30]。その構想は当のベイズに先んじて、ベルヌーイと同時代のド・モアブルの理論の中に見出すことができるが[31]、今日的な意味での条件付き確率の本格的な理論形成はラプラスやコンドルセ以降のことである[32]。それを踏まえればベルヌーイやランベルトの「組合せ」理論はいわば条件付き確率の理論が未発達の段階において一時的に展開された歴史的産物に過ぎないとも言える。しかしこうした論拠の「組合せ」理論は現代においても決して途絶えることなく、シェーファーやA・P・デンプスターなどの数学者によって、より精緻でより多様な根拠を組み合わせる理論として展開されている[33]。ベイズ主義的な条件付き確率の公式は「新しい証拠」を条件とする信念改訂の手続きを形式化したものである[34]。しかし新しい証拠によってつねに信念が改訂されるとは限らない。すでに述べたとおり、「完全な情報」が与えられている場合には新しい証拠によっても信念は改訂されないのである。「組合せ」理論は新しい証拠と古い証拠とを「対称的に」(symmetrically) 扱うことによってこの問題に答えている[35]。たとえば「十年以内に地震が起こる」という信念の証拠として、「百年動かない活断層」という証拠に加えて「地下水の水位が下がった」という証拠が新たに見つかった場合にも、新しい証拠のみを信念改訂の条件とみなすのではなく、新旧の証拠をこの信念を部分的に正当化する証拠として対等に扱うのがこの理論の特徴である。したがって「組合せ」理論はベイズ主義的な条件付き確率の理論とは異なる特色を持った理論として今日もなお展開されており、ベルヌーイやランベルトの理論はその途上にあると言えるであろう。

四　「蓋然性の論理学」の哲学的基礎

われわれはこれまでランベルトの論理学における蓋然性の特色ある思想について考察してきた。しかし蓋然性はたんに数学や論理学の原理のみに基づくものではないことは、ライプニッツやヴォルフにおける蓋然性の解明において示された通りである。以下では「蓋然性の論理学」を積極的に展開したランベルトの哲学的基礎について考察する。

1　可能性と蓋然性――存在論的基礎

本書第二章二で明らかにした通り、ヴォルフが「蓋然性の論理学」を積極的に展開しなかった理由の一つはその存在論的な基礎づけの困難さにあった。ヴォルフはその必要性を説きながらも、自らそれを行なうまでには至らなかったのである。[36]ではランベルトはこの点をどのように考えているだろうか。

ランベルトの存在論は一七七一年の『建築術構想』において展開されている。『建築術構想』は『新オルガノン』で提示された「基本概念」（Grundbegriff）によってあらゆる学問を基礎づける「基本学」（Grundlehre）の構想を著した書である。第一部でその概略が示された後、第二部と第三部で存在論の諸概念が基本概念に基づいて詳細に論究されている。第四部では数学的諸学の基礎となる「量」の概念が考察されている。ランベルトは第二九七節において、「論理的真理」が「記号的なもの」（Symbolische）と「思考可能なもの」の境界線であるのに対して、「形而上学的真理」は「思考可能なもの」と「現実的なもの」との境界線を成す、と述べている（LP.

III, S.286)。記号的なものとは「丸い四角」や「負数の根」のように「矛盾を含むもの」や「不合理なもの」のことであり、たんに「想像的に」表象可能なものである。思考可能なものは「矛盾を含まないもの」のことであり、これが現実的な「あるもの」を示すためには「現実に存在可能である」ということが付け加わらなければならない。思考可能なものであると同時に現実に存在可能であるものが形而上学的真理の領域ということになる。

この「思考可能性」と「現実存在の可能性」とはヴォルフの「内的可能性」と「外的可能性」の区別に相当するとも思われる。しかしランベルトは現実存在の可能性をヴォルフとは異なる仕方で根拠づけている。ヴォルフにおいては外的可能性すなわち現実存在の可能性は「この世界」に存在する「現実的原因」によって根拠づけられた(37)。これに対してランベルトにおいてはその根拠が「固性」(Solide, Solidität) と「力」(Kraft) という基本概念に求められる。「固性と力なしにはいかなる存在するものも考えられないから、固性ならびに力が形而上学的真理の基礎である」(LP. III, S.287)。固性は他の単純概念が「固性の規定」(LP. III, S.113) とみなされる「基体」であり、それらを「述語」とする「主語」である。力はあらゆる論理的に可能なものが現実に存在可能となるための、すなわち「積極的可能性の最も直接的な源泉」(LP. III, S.215) である。こうした固性を基体とし、力をその規定として有するものに「現実存在」(Existenz) が規定として加わることによってはじめて事物は存在するのである。

ところで本章一の**2**で明らかになったように、ランベルトは三段論法における推理全体の蓋然性を結論の「繋辞」に付加された分数によって表わした。この繋辞についてランベルトは第二三二節において、この繋辞が「である」(ist) か「ではない」(ist nicht) によって表わされるとし、この繋辞に付加される分数は「蓋然性の度合い」を示すが「たんに観念的なもの」であり、けっして「真なるもの」や「現実的なもの」の国においては現われないと述べている（LP. III, S.198）。このことは確かに『新オルガノン』において「蓋然的なもの」が「仮象」として位置づけられたことに対応している。蓋然性を意味する分数が直接対応する実在物を持たない仮象である限り、「たんに観念的なもの」に過ぎないことは明らかだからである。しかしこうした「蓋然的なもの」は「真なるもの」から区別されるにせよ、まったくの偽なる虚構とみなされているわけではない。推理そのものにおいては仮象に過ぎない分数も、それがどこから生じているかを明らかにすることができれば、それに対応する事象を示す可能性が残されているからである。これについてランベルトは『新オルガノン』の「序文」において次のように述べている。

命題の蓋然性がどこから成立しているかという問いは、それによってどこから繋辞は分数を付加されているかという問いに変わる。そこで私はこの分数が、それによって命題が証明される推理の前提命題において、媒概念に分数が付加される場合に、したがって主語の普遍性あるいは述語の完全性に何らかの不足がある場合に生じることを示すのである。そしてこれがあらゆる蓋然性の計算の基礎である（LP. I, Vorrede）。

三段論法の推理において結論の繋辞に付加されている分数は、元々は前提命題の媒概念に付加されていたものである。とすれば結論命題の蓋然性そのものは仮象に過ぎないとしても、それが媒概念を介して間接的にではあれ、この概念に対応する事象に関係することは明らかである。媒概念は前提命題における主語もしくは述語に相当するが、ランベルトによれば述語に分数が付加されるのは、述語概念のすべての徴表ではなくいくつかの徴表のみが主語概念に属する場合で、その場合分数は主語と述語の「親近性」と「類似性」を表わし、「述語全体に関する蓋然性の計算に役立つ」のである（LP. III, S.200）。

そしてこの述語を固性の規定とみなすならば、この分数は固性の「未規定性」を表わすことは明らかであろう。ランベルトは「未規定的なものは存在しない」が、それは「現実存在」という規定のみを欠いているか、あるいはそれと共にさらに多くの規定を欠いているかである、と言う（LP. IV, S.126）。現実存在以外のすべてにおいて規定されたものは「個体」（Individuum）として形而上学的真理の領域にある。現実存在以外の規定を欠いているものは、その規定性において個体よりも劣っている。しかしそのことによって直ちに個体よりも「現実存在の可能性が低いもの」となるわけではない。すでに述べたようにランベルトは現実存在の可能性の条件を固性と力という規定のみに見出しているのであり、この規定の有無のみが現実存在の可能性に関わるのであって、それ以外の規定の多少は無関係であるからである。固性と力という規定を欠いているものは存在する可能性をまったく持たない。しかしこれらの規定を有するものが同等に存在可能であるわけではないであろう。固性や力という規定そのものに程度差が生じうるからである。すなわち固性は「密度」（Dichtigkeit）を持ち（LP. III, S.69）、力は「強度」（Intensität）を持ちうるのである（LP. IV, S.318－319）。とすればあるものが固性の密度や力の強度において勝ることによって、他のものよりも現実に存在する可能性が高まることはありうることではないだろうか。したがって媒概念に付加された分数が主語や述語の普遍性や完全性の度合いを示すとしても、それが直ちに現実存在の可能性の度合いを意味するわけではない。しかしそれが固性の密度や力の強度を示すとすれば、それは現実存在の可能性の度合いを意味することになるであろう。そしてそこにライプニッツの「可能性の度合いは本質や実在性の量によって決定される」という思想を読み込むことは困難ではないであろう。

したがってランベルトは推理における蓋然性の基礎を直接的に存在論に求めているわけではないが、媒概念を介して間接的に関係しており、そこにはライプニッツの形而上学思想の影響も窺われる。しかしそれによって再び決定論の疑惑が浮上することも事実である。この疑惑に対しては、ランベルトはおそらく「等確率」の原理を主張するであろう。すべての事象が同一の可能性を持つとすれば、どの事象が生じるかは予め決定されないからである。事実ランベルトは「盲目的な偶然」の根底にもこの原理があることを指摘している(LP. III, S.305)。ランベルトはア・ポステリオリに規定される蓋然性をも認めているが、その計算も結局はこの原理に基づくのである。確かにこの原理は固性の密度や力の強度が同一である複数の個体の可能性を想定した場合には妥当すると思われる。こうした個体の可能性は密度や強度によってではなく、それがいかにしばしば起こりうるかという「頻度」(Häufigkeit)によって測られるからである(LP. IV, S.308)。しかし固性の密度や力の強度によって予め現実存在の可能性に差異がある個体にはこの原理は妥当しないであろう。ランベルトの存在論は物理的実在としての個体を中心に構成されており、ライプニッツほどの形而上学的な展開は見られないが、その思想を継承している部分においてはその決定論的性格をも引き継いでいると見ることができる。しかし推理における蓋然性を媒概念に付加される分数に帰することは、本章一の2で明らかにされた蓋然性の仮象的性格をむしろ弱めることになる。こうした仮象としての蓋然性の意義をより積極的に解釈するために、われわれはランベルトの「蓋然性の論理学」をもう一つの哲学的伝統の系譜に置いてみなければならない。それは「結合法」(ars combinatoria)の伝統である。

2　「完全な調和」と蓋然性――結合法の形而上学

結合法とは人間の思考の究極的な構成要素である原始概念や原理の組み合わせによってすべての真理を導出することを試みる技法であり、その起源は古代ギリシャのピュタゴラス学派にまで遡ることができるが、これを

「大いなる術」として最初に集大成したのは十三世紀のライムンドゥス・ルルスである。[38] ルルスの技法は中世後期、ルネサンス期、バロック期を通じて規範として継承されたが、こうした伝統の頂点を極めると同時に新たな方向を展開したのはライプニッツである。若きライプニッツが『結合法論』で著したその技法の特徴は、一つは概念文字を代数学で用いられる記号や数字に置き換えたことであり、もう一つは結合法を三段論法に適用したことである。[39] ライプニッツの結合法は「人間思惟のアルファベット」である原始概念を見出し、それらに記号を付与し、この記号を数学的な演算によって結合することですべての真なる命題を見出そうとする試みである。すなわち「主語を与えてそのすべての可能な述語を見出し、述語を与えてそのすべての可能な主語を見出す」技法である。[40] 一言で言えば、従来の伝統的な「論証の論理学」に対し、「発見の論理学」を実現しようとしたのである。そして「蓋然性の論理学」の構想の意図は、こうした「発見の論理学」をそれまで確実な真理が不可能と考えられていた領域にまで展開することに他ならなかった。ランベルトがこの構想を三段論法の結論命題の繫辞に分数を付加することによって実現したことは上述の通りである。

ところで結合法には個々の概念や命題よりも、複数の概念や命題間の関係や組み合わせの中にこそ真理が存在するという独特の真理観がある。ランベルトは『新オルガノン』第二部「真理論」において、こうした結合法の真理観を「完全な調和」(complete Harmonie) という概念によってきわめて明確に表わしている。すなわち真理は諸命題の連関のうちにあり、「いかなる真理も他の真理から完全に独立しているということはない」(LP. I, S.583)。「あらゆる真理は共在する」(LP. I, S.545) のであり、この共在が「真理の調和」を形成する。ある命題が真理であるかどうかは個別的に判断されるのではなく、こうした諸真理の調和に矛盾するかしないかによって判断される。ある前提命題からより多くの真なる結論が導出されれば、「その命題と真理との調和は高まる」(LP. I,

S.546）のであり、導出されるべきすべての命題を数え上げることができれば、この調和は「完全」になり、この前提命題は「証明」されたことになる。ランベルトは「真理論」第一八三節で次のように述べている。

したがって調和が真理に到達するか、命題を証明すべき場合には、調和が完全に揃っていなければならないことは明らかである。そしてその限りこの調和は絶対的な一であり、その部分は分数であり、この分数は命題を多かれ少なかれたんに蓋然的なものにするが、しかしその合計が1になるまでは決して真なるものとはしないのである（LP. I, S.548－549）。

真理が「完全な調和」を意味するのに対し、蓋然性はいわば「不完全な調和」を意味する。それは偽なる命題が導出される「不調和」とは異なるが、導出された命題が真であっても、なお前提命題が偽となる可能性が残されている場合である。すなわち前提命題は一方ではまだ証明されておらず、他方偽なる命題が導出されるまでは、われわれには「偽が真理と異ならないように見える」（LP. I, S.550）のである。

したがって蓋然性は「完全な調和」を全体＝1とする分数によって表わされる。ではこの「完全な調和」の根拠は何処に求められるであろうか。それは現実的には成立不可能と思われる。前提命題から導出される結論をすべて列挙することは不可能であろうし、それらの結論がすべて真であったとしても、そのことによって前提命題がすべて真であるとは限らないからである。しかしわれわれはこの概念を結合法の思想的伝統の中において理解することができる。結合法には「この世界の一切の真理が一なる神の無限知性のうちに「結合」されてあり、神はそれらを直観的に把握しているという了解[41]」がある。ランベルトが「神は真理の存在根拠（Principium essendi）であり、真理は神の存在の認識根拠（Principium cognoscendi）である」（LP. I, S.572）と言うとき、そこではまさしくかかる了解が前提とされているのであり、「完全な調和」の根拠は神の存在に求められていると言えよう。

またランベルトが「真理の国」の「一性」（Einheit）に言及し、真理の国は「その諸部分がたんに厳密に多様な仕方で結合されているだけではなく、いかなる欠落も許さないような全体」（LP. I, S.583）として認識されると言うときにも、かかる了解が前提とされていると言えるだろう。確かに真理の国は「まったく観念的」（LP. I, S.552）であり、それ自体はいかなる現実存在との関係をも欠いているように思われる。しかし思考可能性を意味する論理的真理は現実存在の可能性を意味する形而上学的真理とまったく無縁の真理であるのではない。ランベルトは『建築術構想』第二九九節において、これらの真理の関係について次のように述べる。

> したがってたとえば思考可能性は、それに形而上学的真理が付加されない限り、すなわち思考可能なものを現実に思考する存在者なしには、何ものでもないのである。論理的真理の国は、物そのものの中にある形而上学的真理なしには空虚な夢に過ぎないであろう。そして思考する基盤的存在者（Suppositum intelligens）なしには、夢ですらなく、まったくの無であるだろう（LP. III, S.289）。

ランベルトによれば論理的真理が形而上学的真理に変わるためには二つの根拠が必要である。一つは思考可能なものの対象である「事象そのもの」である。今一つは「思考する基盤的存在者」である。ランベルトは前者を「客観的根拠」、後者を「主観的根拠」と称する（ebd.）。前者については上述の通り固性と力がそのメルクマールである。ここでは後者が問題となる。「思考する基盤的存在者」とはいかなる存在者であろうか。確かにこれを思考する存在者一般すなわち人間知性と解釈することも可能であろう。[42] しかし「必然的で永遠不変の真理」が問題であるとき、その根底にあるのは「必然的で永遠不変の思考する基盤的存在者」でなければならない（LP. III, S.290）。したがって「完全な調和」が「必然的で永遠不変の真理」を意味するとすれば、その根底にある「思考する基盤的存在者」は神を指していると考えられる。これに対して「不調和」は偽を意味し、夢ですらない「まったくの無」として真理の領域から除外される。

ところでこの「思考する基盤的存在者」としての神は「ラプラスの魔神」を彷彿させる。ラプラスは世界のすべての事象が原因－結果の連鎖の中にあり、この因果法則を完全に把握している知性があるとすれば、この知性は「同一の方程式の下に宇宙の中の最も大きな物体の運動も、また最も軽い原子の運動をも包摂せしめる」ことができると述べる。[43] こうした決定論的な世界観に対し、ラプラスは蓋然性（確率）の基礎となる事象の等可能性を、事象の存在について「われわれが決定しかねる度合いが同じ」と表現している。[44] ラプラスにとって蓋然性は世界の客観的・実在的秩序に関わるのではなく、人間の知識や無知の度合いに関わるのである。したがって蓋然性は事象の因果法則を完全に把握できない人間知性の本質を表わしているのであり、これによってラプラスは決定論的世界観と「非決定論的な」蓋然性とは両立可能であると考えているのである。[45]

一方ランベルトは蓋然性を「論理的仮象」とみなしていた。ランベルトにとっても蓋然性は世界の客観的・実在的秩序に関わるのではなく、人間の思考の本質を表わすものなのである。蓋然性は思考可能なものとして論理的真理の領域にあり、客観的根拠との関係は希薄であるものの、主観的根拠である「思考する基盤的存在者」を介して形而上学的真理にも関わりうる。ただし蓋然性の主観的根拠である「思考する基盤的存在者」とは神的知性ではなく、有限な人間知性であろう。ヴォルフは蓋然性の基礎を直接存在論において見出そうとしたために決定論的な困難に陥った。確かに結合法にも「この世界の一切の真理が一なる神の無限知性のうちに結合されている」という決定論的な世界観が見出される。しかしランベルトは蓋然性の基礎を人間知性の本質に見出すことによって、決定論的世界観と「非決定論的な」蓋然性とは両立可能であるとみなしているのではないだろうか。ここにランベルトが蓋然性を仮象と位置づけたことの意義があると思われる。ランベルトにとって蓋然性は人間知性の不完全性という消極的な意味ではなく、「完全な調和」を目標として無限にそれに接近する人間知性の固有のあり方を示していると言えるであろう。しかしランベルトの「非加法的蓋然性」は確率の規則より三段論法の規則が優先されるところに生じている。このことは伝統的論理学に立脚する限り、「完全な調和」は人間知性には原理的に拒まれていると言うこともできる。逆に非加法的蓋然性の現代性を考慮すれば、ここに結合法の形而上学の一つの限界を見出すこともできるであろう。(46)

第四章　クルージウスにおける「蓋然性の方法」の展開

これまではヴォルフ学派において「蓋然性の論理学」がどのように展開され、どのような哲学的基礎に基づいていたかについて考察してきた。しかし蓋然性を自らの哲学の基本的スタンスとして展開したのは、トマジウス以降のいわゆる反ヴォルフ学派の哲学者たちである。彼らの特徴は蓋然性をもっぱら認識論的な意味において解釈したことである。(1) 中でもクルージウスはそれまでのヴォルフ批判の論点を、独創的な哲学に基づいて体系化した。(2) 形而上学をもっぱら「論証の方法」によって展開したヴォルフを批判して、クルージウスは「蓋然性の方法」を形而上学の方法として採用する。それが最も効果的に適用されるのが、「デザイン論証」と称される神の存在証明においてである。

世界には一定の秩序（デザイン）が存在し、秩序が存在するところには秩序を与える者（デザイナー）がその原因として存在する――この一見きわめて単純な論理に基づいて世界の秩序の創始者としての神の存在を証明するのが「デザイン論証」である。その歴史はプラトンのデミウルゴスの証明にまで遡ることができるが、中世のキリスト教世界では護教論として、自然神学の範囲で神の存在を証明する論証として展開された。近世哲学においては否定的に評価されることが多くなったものの、[3] その影響力はなお隠然として継続し、現代の生命科学においてはダーウィニズムに対抗する「インテリジェント・デザイン」と称する新しいパラダイムとしても展開されている。[4] こうしたデザイン論証はヴォルフ以降のドイツ啓蒙主義哲学においても、信仰を確証する理論としてさまざまな形で展開された。特にクルージウスは蓋然的推理についての詳細な理論に基づいてこの論証を展開している。本章の目的はクルージウスのデザイン論証の独自性を蓋然性の方法との関係において解明することにある。われわれははじめに一七四七年の『人間の認識の確実性と信頼性への道』（以下『論理学』と記す）における蓋然性の方法について概観する。次に一七四五年の『偶然的な理性真理と対立する限りでの必然的な理性真理の構想』（以下『形而上学』と記す）の「自然神学」の章における世界の秩序の原因としての神の存在証明を考察し、蓋然性の方法との関係を解明する。さらにヴォルフのデザイン論証との比較を通して、クルージウスの論証の独自性が一七五〇年（一七四三年初版）の『決定根拠律の、あるいは通俗的には充足根拠律の、用法ならびに限界に関する哲学論稿』（以下『根拠律論文』と記す）で展開された「充足根拠律」批判に基づいていることを明らかにする。

一　『論理学』における蓋然性

1　論証の方法と蓋然性の方法

クルージウスは『論理学』を当時の論理学のテキストの慣習にしたがって「理論的部門」と「実践的部門」に分ける。この理論的部門は伝統的論理学の手続きにしたがい、概念論（第三章－第五章）、判断（命題）論（第六章）、推理論（第七、八章）に区分される。推理論第七章では「推理の第一の根拠」として「矛盾律」（principium contradictionis）、「不可分離律」（principium inseparabilium）、「不可結合律」（principium inconiungibilium）という「理性の最高三原則」が提示される（CP. III, S.475－476）。この原則は同時に形而上学の原則でもあり、クルージウス哲学の根幹を成す原則である（CP. II, S.26－27）[5]。次に第八章では「推理の異なる方式」として、「論証的推理方式」と「蓋然的推理方式」が提示され（CP. III, S.489－490）、第一部で両方式に共通する「推理規則」が、第二部では論証的推理方式が提示される。従来の論理学では、理論的部門において扱われているのは論証的推理方式のみであり、蓋然性はたんに論証的推理方式を具体的な内容に適用する仕方の問題として「実践的部門」で取り扱われた[6]。これに対しクルージウスは蓋然的推理方式も論証的推理方式と同等の推理方式として「理論的部門」に算入する[7]。クルージウスによれば二つの推理方式は推理形式においては一致する。両者が異なるのは「たんに質料において」（ebd.）、すなわち推理に含まれている「命題とその内容」（CP. III, S.460）においてである。以下で見るように、クルージウスが理論的部門の第九章「蓋然的なものについて」において論じるのはもっぱら「命題の蓋然性」についてである。したがって厳密にいえば蓋然的推理方式は論証的推理方式を内容的に補完する方式であるということができる[8]。

クルージウスは第九章でまず「論証の方法」と「蓋然性の方法」とを区別する。論証の方法とは「ある命題に矛盾する命題がまったく思考されない場合、……その命題は真とみなされる」（CP. III, S.639－640）認識の方法である。これに対し蓋然性の方法とはある命題を「その反対が……なお思考されるにもかかわらず、どちらかと言えば真とみなしたり、偽とみなしたり、あるいは完全に確実であるとさえみなす」（CP. III, S.640）認識の方法である。ここでクルージウスは理性の最高三原則にしたがい蓋然性を以下のように定義する。

……蓋然性とは、第一義的には、反対が思考されるにもかかわらず、すなわち反対が矛盾を含まず、また一方が本性上他方なしには思考されない諸概念を分離したと言わず、また一方が本性上他方と一つの概念において結合されない諸概念を結合したと言わないにもかかわらず、それによってその命題を真とみなすか、あるいは反対よりも真とみなす傾向のある命題の性質のことである（ebd.）。

蓋然性は矛盾律、不可分離律、不可結合律にしたがってその反対が思考されるにもかかわらず、それによって命題を真とみなす命題の性質である。蓋然性にはその程度に応じて三種類の蓋然性がある。ある命題が「その反対よりも容易に可能であり、どちらかと言えば真とみなされると判断する」場合の蓋然性を「憶測」（Muthmassung）と称する。またある命題が「疑いなくそれにしたがって振舞うことができる程度に真とみなされるに値すると判断する」場合の蓋然性を「信頼性のある」（zuverlässig）もしくは「信憑性のある」（glaubwürdig）と称する。そして「その反対が思考されるにもかかわらず、多くのことを端的に矛盾なく確実であるとみなす」場合の蓋然性を「モラーリッシュな確実性」（moralische Gewißheit）と称する（CP. III, S.641）。たとえば「アテネという町が存在した」という命題はモラーリッシュな確実性を有する。モラーリッシュな確実性は、「継続的な探求においてさらに多くの蓋然性の諸根拠が見出される」事物の認識において成立する場合、「無限の蓋然性」とも称せられる（CP. III, S.732）。後に見るようにクルージウスはモラーリッシュな確実性を論証の確実性と同等の確実性とみなしている。

2　蓋然性の最高原則と源泉

クルージウスによれば、蓋然性の素材は命題の「論理中立的な可能性」（logikalische Möglichkeit）である。「論理中立的な可能性」とは「真とみなすいかなる根拠も、不可能と拒絶するいかなる根拠も持たない命題」（CP. III, S.644）の性質である。蓋然性の本質は論理中立的に可能な命題の性質にあり、「その命題の定立において、それに矛盾する命題の定立においてよりも、より少ないものが論証なしに仮定される」（CP. III, S.648）命題の性質にある。あらゆる蓋然性は「二つの矛盾的に対立する命題においては必然的に一方が真である」という推理規則と、「いかなるものも十分な認識根拠なしに理性によって真とみなすことはできない」という推理規則から成立する（ebd.）。[9] すなわち命題がたんに論理中立的にのみ可能であるにもかかわらず、その真偽を決定しなければならない場合、その決定はどちらがより十分な認識根拠に基づくかに拠るのである。たとえば「ローマが存在した」という命題は「ローマが存在しなかった」という命題と形式的には矛盾的に対立するが、たんに論理中立的にのみ可能な命題であるが故に、その真偽は認識根拠の量と質によって決定される。クルージウスは蓋然性の最高原則を、「それに矛盾する命題によってよりも、そこにおいてあるいはそれによって論証なしに仮定されることがより少ない命題は蓋然的である」と規定する（CP. III, S.649）。そしてこの最高原則に基づいて、「源泉」（Quelle）と称する六つの蓋然的推理の基本形式を提示する。

第一の源泉は「より多様な可能性の考察」で、具体的には起こりうる事象の総数に対して着目事象が起こる可能性の度合いという数学的な確率の定理に相当する源泉である。しかしクルージウスはここで頻度という「数量」を問題にするのではなく、命題の「性質」を問題としており、これを「より多くの仕方で可能なものを措定する人は、……より少ない仕方で可能なものを措定する人よりも、より少ないことを根拠なしに仮定する」と表現する（CP. III, S.661）。たとえば当たりより外れが多い籤を引くことは得するより損する可能性が高い。なぜなら損する方が「より多くの仕方で可能」だからである。

第二の源泉は「より多くの可能性の偶然の一致の考察」である。すなわちより多くの出来事が同時に起こる可能性はある一つの出来事が起こる可能性よりも低い。なぜならより多くの出来事が同時に起こるためには、ある一つの出来事が起こることより多くの条件を必要とするからである。したがって「偶然に一致しなければならない可能性が、ある命題においてあるいは命題によってより多く仮定されるほど、より多くのことが証明なしに仮定されることになり、それ故その命題は同じことが仮定されない他の命題よりも非蓋然的になる」（CP. III, S.665）のである。後に見るようにこの源泉はデザイン論証に適用される。

第三の源泉は「より実在的な可能性の考察」である。すなわち「述語が主語に属する仕方がより判明に理解されている可能性」は理解されていない可能性より、「より実在的」であり、したがって蓋然的である。またある命題について実例が知られている場合にはそれが知られていない場合よりも、より実在的な可能性があり、蓋然的である（CP. III, S.670－671）。

第四の源泉は「類似した事例の期待、あるいは類推」である。これはある事物が持つ性質から他の類似した事物にも同じ性質があることを推理する方法で、「帰納法」を意味する。すなわちこれまで絶えず起こり続けてきたことは、「それによって同じものが表象される共通の本質において、あるいはそれらが相互に共有する恒常的な外的原因においてその根拠を持つ限り」（CP. III, S.676）、そのような種類の実例が生じるあらゆる他の未来の場合においても蓋然的である。

第五の源泉は「すでに知られた原因あるいは事物の性質との対立の考察」である。これは「それ自身一般的に見て十分なすでにある原因」に対立する結果は非蓋然的であるとする推理である（CP. III, S.689）。

第六の源泉は「諸現象あるいは諸状態との一致」である。これは「ある可能な命題がその反対に比してすでに知られた諸現象とよりよく一致する場合、その命題はそのことによって蓋然的である」（CP. III, S.691－692）という推理であり、後に見る「一致の蓋然性」の原理である。現象には二種類ある。いくつかの現象が仮説とのみ一致しそれ自身では相互に連関しない場合、「単純な諸現象もしくは諸状態」と称する。いくつかの現象が相互に連関して一つの仮説と一致する場合「調和した諸現象もしくは諸状態」と称する（CP. III, S.693）。クルージウスによれば単純な現象の多数よりも調和した少数の現象の方が命題により大なる蓋然性を与えることができる（CP. III, S.694）。

3　仮定の蓋然性と一致の蓋然性

次にクルージウスはこれらの源泉から、異なる分野における特殊な推理の基礎となる「仮定」（Präsumition）と称する普遍的・蓋然的命題を導出する。源泉と仮定との関係は、蓋然的推理の基本形式である源泉が特殊な分野や対象に適用されるときに規則として機能するのが仮定であるとみなすべきであろう。理論的に解明された源泉は、実際の推理の場面では仮定として機能すると言ってもよいであろう。第一の源泉からは「より多様な可能性の仮定」が生じる。すなわちわれわれは「より多くの仕方で可能なこと」を仮定するが、「原因が稀にしか存在しないこと」は仮定しない。後者を「希少性の仮定」と称する（CP. III, S.713）。第二の源泉からは「奇蹟の仮定」（praesumtio mirabilitatis）が生じる。これは「多くの可能性が偶然に一致しなければならないものは仮定されない」（CP. III, S.714）というもので、デザイン論証で前提とされる仮定である。第三の源泉からは「より実在的な可能性の仮定」が、とりわけ「十分な原因の仮定」が生じる。すなわち「結果に対する十分な原因を知っており、いかなる妨害も見出さないとき、それが結果として生じることが仮定される」（ebd.）のである。第四の源泉からは「つねに生じる類推の仮定」と「たびたび生じる類推の仮定」が生じる。すなわち「これまでつねに生じたことあるいはたびたび生じたこと」が適合した条件の下で仮定される（CP. III, S.716－717）。第五の源泉からは「すでに存在する十分な原因に対立するものは期待されない」という「不一致の仮定」が生じる（CP. III, S.718）。

ところで「諸現象あるいは諸状態との一致」という第六の源泉からは仮定が導出されない。これは第六の源泉が他の源泉とは性格を異にする源泉であることを意味する。これを説明するのが「仮定の蓋然性」（Präsumitions=Wahrscheinlichkeit）と「一致の蓋然性」（Uebereinstimmungs=Wahrscheinlichkeit）という二つの蓋然性の区別である。クルージウスによれば命題の蓋然性は上述の諸仮定に基づくか、諸現象や諸状態との一致に基づくか、あるいはその両方に基づくかのいずれかである（CP. III, S.711）。諸仮定に基づく場合が「仮定の蓋然性」である。たとえば「嘘つきは将来嘘をつくであろう」という命題は、蓋然性の第三の源泉から導出された「より実在的な可能性の仮定」に基づいて、「嘘をつかないであろう」という反対命題より蓋然的であると判断される。仮定の蓋然性は反対命題が仮定に反することにのみ基づいているので、その度合いを規定することは不可能である。したがって仮定の蓋然性には「対立する諸根拠の非規定的な比較のみ」[10]が存在するのであり、一般に蓋然性の度合いの規定は、命題がどれだけの諸現象や諸状態と一致しているかという「一致の蓋然性」においてのみ可能である。すなわち第六の源泉から導出されるのはこの「一致の蓋然性」なのである。

クルージウスによれば「一致の蓋然性」にはさらに二つの蓋然性の区別が存在する。たんに諸現象や諸状態との一致のみから命題の蓋然性を認識する場合、この蓋然性は「単純な一致の蓋然性」と称する。これに対して

「一致の蓋然性」が「仮定の蓋然性」と混合する場合がある。この混合は両種の蓋然性の根拠の結合によってか、あるいは両種の蓋然性から同時に証明力を受容した蓋然性の根拠から生じる。前者の場合、両種の蓋然性の根拠はその結合においてもなお「異なる証明根拠」とみなされている。これに対して後者は上述の「調和した諸現象もしくは諸状態」から生じる蓋然性で、「合成された一致の蓋然性」(zusammengesetzte Uebereinstimmungs=Wahrscheinlichkeit)と称する。この場合調和した諸状態は、「もしそれらが調和していると仮定しなければ、われわれはある普遍的・蓋然的命題に反して行動しなければならなくなるという理由で、調和的であることを維持している」(CP. III, S.712)のであり、両種の蓋然性の根拠は言わば相即的に成立し、より大なる証明力を生み出している。デザイン論証で問題となる蓋然性はまさしくこの「合成された一致の蓋然性」に他ならない。この点を次に『形而上学』において考察する。

二　『形而上学』における蓋然性

1　形而上学と蓋然性の方法

クルージウスは『形而上学』の「存在論」の第一章において、形而上学の方法として「論証の方法」のみを重視する立場を批判して、「蓋然的証明が形而上学から除外されなければならないということを認めることはできない」(CP. II, S.18)と主張する。蓋然性を除外することを望む意見は、一つには「多くの論理学の不完全性」に、今一つは「確実性と必然性が混同されていること」に基づいている(ebd.)。クルージウスによれば確実性とは「思考する者がある事柄について持つ認識に関して、その事柄について措定したことにおいて、もはやいかなる反対への恐れも存在しない思考する者の状態」（CP. III, S.750）のことであり、「たんに悟性のうちにあるもの」（CP. II, S.18）である。これに対して必然性は事柄が「それ以外ではありえない場合」の状態のことであるが、それは「事柄自身の性質のうちにあるもの」（ebd.）である。われわれは事柄そのものが必然的であれ偶然的であれ、「より確実な根拠を洞察し、その事柄について抱く思考がわれわれを欺くという、恐れるべき原因をもはや持たない」（CP. II, S.18－19）とき、それを確実に認識する。事柄の存在が確実であるということから直ちに「その反対が矛盾するが故に、あるいはまったく思考されないが故にそのことを認識しなければならない」（CP. II, S.19）ということは帰結しない。事柄の必然性についての判明な認識は確かに確実性を与えるが、逆に「必然性を判明に洞察する以前には確実性を持たないことは帰結しない」（ebd.）のである。

クルージウスにとって形而上学の目的は、その著作の表題が示す通り、必然的真理の探究にある。そして真理を必然的たらしめるものは「われわれの思考の外にある事物そのもの性質のうちにおけるあるもの」（CP. II, S.17）である。これに対して「論証と蓋然性はわれわれの認識のたんなる区別された種類にすぎない」（ebd.）のである。

ここからクルージウスは次のように言う。

一つの真理が論証的証明同様蓋然的証明によって何度も示される。論証的に証明すべきところでも、蓋然的証明がつねに不必要であるわけではない。なぜなら心とその状態の相違にしたがって、ときにはある種の証明が、ときには他の種類の証明が最も強い印象をなすのであり、したがってきわめて重要な命題においては、両者が統括されるのが妥当であることは言うまでもないことだからである。さらにその推理様式から見て蓋然的である証明は、ある状態においては論証的証明と同様に確実性へと導くのであり、幾人かがこれを洞察しないのは、たんに欠陥のある論理学にその責任があることは言うまでもないことである。だから一般にわれわれが論証的推理様式にしたがってなされた証明自身にも、蓋然性のゆえにはじめて疑いえない賛同をあたえることは、とりわけ蓋然的証明の擁護に役立つであろう（CP. II, S.17－18）。

クルージウスが蓋然性の方法を形而上学から除外することに反対するのは、この方法が形而上学の方法として論証の方法と種類を異にする方法でありながら、同様に確実性を有する方法でもあることにその理由があった。そしてこの方法が形而上学において最も効果的に適用されるのがデザイン論証である。

2　デザイン論証と蓋然性

クルージウスは『形而上学』の「自然神学」の第一章において、神の存在証明を論証の方法、「無限の蓋然性」の方法、一般的な蓋然性の方法という三つの方法を用いて行なっている（CP. II, S.361）。論証の方法はいわゆる「宇宙論的証明」に適用され、クルージウスはこの証明を、世界を構成する単純な事物からの証明、世界において見出される諸変化に基づく証明、運動の系列からの証明、偶然性の証明、「一義的な原因」（causae univocae）の系列からの証明として行なっている。「無限の蓋然性」の方法とは神の存在を、その反対の論理的可能性を否定することなく、無限に多くの根拠に基づいて証明する方法であり、デザイン論証に適用される。[11] 一般的な蓋然性の方法は歴史からの証明、「神が存在する」という意見の普遍性からの証明、本性的な良心の欲求からの証明に適用される。「無限の蓋然性」の方法が論証の確実性に匹敵する「モラーリッシュな確実性」に到達する方法であるのに対し、一般的な蓋然性の方法は根拠の量と質に応じた蓋然性の度合いに到達する方法である。

クルージウスはまず神の存在証明において前提されなければならない主要原則として、矛盾律、充足根拠律、「その非存在が考えられるすべてのものはかつて存在しなかった」という偶然律、そして「理性的な人間はその理性の本質にも適うように振舞わなければならない」という道徳律を挙げる（CP. II, S.350－351）。このうちデザイン論証の前提となる原則は道徳律である。クルージウスは道徳律によって理解されている重要な命題として、「多くの偶然的な事物が、……それらの連関から秩序や合法則性が発現するという仕方で統合されていると考えることは理性的ではない」（CP. II, S.353）という命題を挙げる。この命題は上述の「奇蹟の仮定」に当たる。この論理的前提の根拠は「……一方の命題の措定において、他方の命題の措定においてよりも多くのことが根拠なしに仮定されなければならない場合、その措定において最も少ないことが根拠なしに仮定される命題を真とみなすことが理性に適っている」（CP. II, S.355）という蓋然的推理の第二の源泉である。世界の秩序の原因としての神の存在の蓋然性は第一に「奇蹟の仮定」に基づく「仮定の蓋然性」として評価される。

さらにクルージウスはこの蓋然性を「一致の蓋然性」と結合する。すなわち「……一致する状態の数あるいは一致そのものとその多様性が考えられないほど大きい場合には、そしてわれわれの認識が拡大すればするほど、われわれはより多くの一致をも知覚するであろうということを見通すことができる場合には、あるいはさらにその上に、このような仕方で証明されたものが、さらにもっと多くの他の仕方でも示されうる場合には、そこから完全な確実性が生じることは疑いえないことである」（CP. II, S.357）。この蓋然性は上述の「無限の蓋然性」に他ならない。また「世界の異なった部分はつねに相互に関係している」（CP. II, S.390）から、この「一致の蓋然性」は「調和した諸現象もしくは諸状態」から生じる蓋然性である。したがってクルージウスのデザイン論証の骨格は「合成された一致の蓋然性」に他ならないのである。

以上の前提を踏まえて、クルージウスは『形而上学』第二二一節で以下の証明を展開している。

物質はいかなる理念を持つこともできないので、思慮のある原因によって統治されることなしには、理念にしたがって秩序ある作用を及ぼすことはできない。したがってこの秩序と合法則性は、世界がそこから区別された思慮のある原因によって形成されたことを示しているか、あるいはこの秩序や合法則性はたんに見かけ上のものであり、偶然生じたあるものが存在することを認めなければならないかのいずれかである。ところで後者は無限大の非蓋然性を有する。それ故、それでもなお後者を仮定することはきわめて愚かなことであろう。したがって、前者すなわち世界における秩序と合法則性が世界から区別された思慮のある原因に帰せられるということ、したがって神は存在するということは、論証的（demonstrativ）に確実であるとみなされるべきである（CP. II, S.387－388）(12)。

すなわち世界の秩序と合法則性の原因をまったくの偶然の所産とすることは、「多くの可能性」が同時に成立することを前提とするため、「奇蹟の仮定」に基づくことになり、「無限大の非蓋然性」を有することになる。これに対して「思慮のある原因」としての神の存在という「ただ一つの可能性」（CP. II, S.395）を承認すれば、世界の秩序と合法則性を合理的に説明できる。それ故に神が存在する、というのがこの証明の趣旨である。

デザイン論証は世界の秩序という経験的な事実からその創始者としての神の存在を推理する証明であり、本来ア・ポステリオリな証明である。しかしクルージウスの推理は単純な帰納的推理ではない。それは今日の科学的推理法の一つである「アブダクション」すなわち「最善の説明への推論」に相当すると考えられる。すなわちある説明を必要としている事実があって、さまざまな仮説の可能性の中で唯一実行可能な仮説を正しい仮説として選択する方法である(13)。たとえば「シーザーが存在していた」という仮説は、われわれは直接シーザーを見たわけではないが、しかしその人が実在したと考えなければ彼に関わる無数の文書や遺跡を説明することができないから正しい仮説であるという推理である。この推理は単純に黒いカラスを枚挙することから「すべてのカラスは黒い」という一般的真理を導出する帰納的推理とは異なり、さまざまな文書や遺跡を説明するために「シーザーが存在していた」というわれわれが直接経験することのできない仮説を形成する推論であり、独特の飛躍を伴う推理である(14)。

こうした推理によるデザイン論証はトマジウス学派であるミュラーも行なっているが(15)、クルージウスの証明の最も特徴的であると同時に最も問題とされるべき点は、世界の秩序や合法則性を思慮ある原因としての神に帰することが「論証的に確実であるとみなされるべきである」とされていることであろう。ここで「論証的に」というのは文字通り論証の方法によってということではなく、その確実性に関して「論証の確実性」に匹敵する「無限の蓋然性」によってということを意味すると考えられる(16)。なぜ無限の蓋然性による確実性が論証の確実性に匹敵するのだろうか。これについてクルージウスは『形而上学』第二〇七節で次のように述べる。

そこから生じる確信の確実性は、さもなければ無限に多くの蓋然性が一度に欺かなければならないことになるから、その同意への自然的（physicalisch）傾向に関してと同時に、そこに源を発する同意への道徳的責務に関して、幾何学的論証と完全に同じであるほど大きな確実性である（CP. II, S.357）。

その主たる理由の一つは「同意への自然的傾向」すなわち「心を同意へと傾ける自然的作用に関して」（ebd.）無限の蓋然性による証明が幾何学的論証と同じ力を及ぼすことができるという心理的理由である。上述のように確実性とは「思考する者がある事柄について持つ認識に関して、その事柄について措定したことにおいて、もはやいかなる反対への恐れも存在しない思考する者の状態」（CP. III, S.750）のことであり、思考する者の心理状態を意味する。ここでは本来異なる推理方式とみなされた論証の方法と蓋然性の方法が、確実性という心理的メルクマールに還元されることで、その区別が解消される傾向にある。今一つは「同意への道徳的責務」に関して、蓋然性を拒否すれば愚かさや悪意が無限に増大するという理由である。

さらにクルージウスによれば無限の蓋然性はしばしばわれわれの心に対する作用において、論証よりも大きな力を持ちうる。われわれはしばしば真の論証と誤った論証とを混同することを知っている。たとえ「……論証の結論が客観的に確実であるとしても、それが正しい論証であることが決定されるまでは主観的に確実ではなく、悟性を反対の恐れから解放しない」（CP. III, S.748－749）のである。論証の正しさは蓋然的推理によってはじめて確証される。また論証は「唯一の箇所においてあることが見誤られれば、論証全体が用をなさず、結論は些かの確実性さえもそれによって得られなくなる」（CP. II, S.359）ことが知られている。しかし無限に多くの蓋然性による命題の証明は、「無限に多くの状態や蓋然性が証明に一致するので、このような恐れは取り除かれる」（ebd.）のである。[17]

こうした無限の蓋然性による確実性すなわち「モラーリッシュな確実性」を論証の確実性と同等の確実性とみなすクルージウスの見解をわれわれはどのように評価すべきであろうか。論証的に確実な命題とは、その反対が矛盾するが故に「論理的に不可能」な命題である。これに対してモラーリッシュに確実な命題とは、その反対は矛盾を含まず「論理的に不可能」ではないが、これまで一度も成立していないが故に「現実的には不可能」とみなされている。たとえば「太陽は東から昇る」という命題はその反対を考えることは論理的に可能であるが、現実的には不可能であるが故に、モラーリッシュに確実である。しかしわれわれはその反対が不可能であることを「証明する」ことはできず、せいぜい「仮定的に想定」することができるのみである。これに対し論証的に確実な命題の場合、われわれはその反対の不可能性を矛盾律にしたがって「証明する」ことができる。ここに両者の相違があるのではないだろうか(18)。モラーリッシュな確実性が無限の蓋然性によって保証されるものであっても、その反対の不可能性が証明されない以上、これを論証の確実性と同一視することはできないであろう。無限の蓋然性は「蓋然性の最大限」であっても、論証の確実性とみなすことはできないであろう。ではわれわれはクルージウスの論証の独自性をどこに見出すべきであろうか。次にこの点をヴォルフのデザイン論証との比較を通して考察する。

3　ヴォルフの論証との比較――「充足根拠律」批判

ヴォルフは一七三〇年の『マールブルク時間外講義』の「自然の秩序から神の存在を論証する方法について」と題する章においてデザイン論証を展開している(19)。そこでヴォルフは以前この論証方法について批判したことに言及し、「秩序が存在するところには、秩序を与えるものが存在する」という命題は、偶然的な秩序について是認されるのでなければ真理ではないと述べる。なぜなら自然の秩序はヴォルフが批判するスピノザや宿命論者も認めているのであり、しかも彼らはその偶然性を否定しているからである。ヴォルフにとって自然の秩序とは「運動力の変容」のうちに存する秩序であり、「自然の秩序が存在することを証明しようとすれば、物体における速度と方向が一定の確立された法則にしたがって変化することを証明しなければならない」[20]。すなわちここで自然の秩序とは自然の因果法則を意味する。重要なのはこの因果法則が偶然的であることを証明することである。ヴォルフは「すべての仕事は自然の運動の法則が、言わば偶然的なものの源泉である充足根拠律に依存することを認識することにある」と述べる[21]。自然の運動の法則の充足根拠とは「物体の運動がなぜ他の法則よりもむしろこの法則にしたがって生じるのかという根拠」である。すなわちヴォルフが自然の運動の法則を偶然的とみなすのは、スピノザのように他の法則が存在する可能性を否定してはいないからである。

そしてこの根拠が含まれているのが「秩序の創始者」である。ヴォルフは『世界論』において、他のものに還元不可能な物体の内的原理を「要素」(elementum)と称し、この要素が単純実体であることを明らかにした[22]。物体の運動の法則はこの単純実体の変化の法則に由来し、他の運動法則がなければならないときは他の単純実体が存在しなければならない。すなわち物体の運動法則の偶然性は物体の要素である単純実体の偶然的な存在に依存し、この世界の偶然的な存在もそれに還元される。ところでヴォルフは『世界論』において、これらの要素が「目的根拠」(ratio finalis)によって「同位的秩序」(coordinatio)に置かれ、究極的には神に由来すると述べている[23]。なぜ他の要素よりもむしろこの要素が存在するのかという根拠は「秩序の創始者」である神に由来するのである。そして「秩序の創始者」が神であることは、聖書の中の神に一致する属性、たとえば全知や全能といった属性を有する存在者だけが自然の秩序の充足根拠を含みうることから明らかである。

以上のようにヴォルフは自然の秩序の偶然性が物体の要素である単純実体の偶然性に依存すること、そして要素の目的根拠が神にあることを明らかにすることによって、自然の秩序の創始者が神であることを証明しようとしているのである。その証明の前提となっているのは「充足根拠律」である。すなわちヴォルフのデザイン論証は自然の秩序の原因としての神の存在を充足根拠律に基づいて「論証的に」証明する試みであり、機械因果的自然観と目的論的な神の摂理とを調和的に解釈する試みであると言える[24]。

これに対してクルージウスのデザイン論証は充足根拠律に基づく証明ではなく、「理性的な人間はその理性の本質にも適うように振舞わなければならない」という道徳律に基づく証明とみなされていた。これはクルージウスの充足根拠律批判に基づいている。クルージウスによれば、神の存在証明に必要な原則のうち充足根拠律、偶然律、道徳律は、従来一括してライプニッツの充足根拠律に置き換えられていた。しかし充足根拠律はきわめて多義的であり、部分的に誤った意味も含まれている。たとえば「純粋に観念的なア・プリオリな認識根拠」が含まれることによって、スピノザのように実体の概念から世界の必然性がア・プリオリに導出されることになる(CP. II, S.351－352, IV.1, S.249)。確かにライプニッツの充足根拠律は反対の事態の可能性を否定していない点においてスピノザの決定論とは異なる。しかし実際に成立するのは唯一の事態のみであり、結局はある事態が「このあり方においてのみ存在あるいは生起するように決定する」根拠であるが故に「決定根拠律」(principium rationis determinantis)と称されるべきである(CP. IV.1, S.192)。そしてその妥当性は作用因と現実存在決定根拠すなわち「同時にア・プリオリな認識根拠でもある実在根拠」に制限されるべきである、というのが『根拠律論文』におけるクルージウスの批判の主旨であった[25]。

確かにクルージウスは「作用因」としての神の存在を充足根拠律に基づいて論証的に証明している(CP. II, S.362ff.)。しかしデザイン論証は世界の秩序という経験的事実からその「目的因」としての神の存在を証明する営みであり、本来ア・ポステリオリな論証である。クルージウスによればア・ポステリオリな論証とは事柄がたんにある「ということ」(quod)の認識であるのに対し、ア・プリオリな論証とは事柄が「なぜあるのか」

（cur）という認識である（CP. IV.1, S.243）。デザイン論証がア・ポステリオリな論証であるとすれば、それは世界の秩序に基づいて「神が存在すること」を証明することである。ライプニッツの充足根拠律では、根拠とはそれによって事柄が「なぜあるのか」が認識されるものであるから、ア・プリオリな認識根拠のみが含まれていることになる（CP. IV.1, S.243–244）。もしライプニッツの充足根拠律に基づいてデザイン論証を行なうとすれば、本来ア・ポステリオリな認識根拠をア・プリオリな認識根拠とみなす誤謬を犯すことになる。ヴォルフのデザイン論証は「なぜ他の秩序よりもむしろこの秩序が存在するのか」ということの充足根拠としての神の存在証明であった。しかしクルージウスにとって、それは神を「この秩序」の根拠として決定してしまうことを意味した。すなわち他の仕方が不可能ではない世界の秩序の成立を「このあり方においてのみ」決定することで、他の可能性を排除してしまうのである。クルージウスの意図は神が唯一「この秩序」の根拠であることを決定することなく、神が存在することを証明することにあった。クルージウスはデザイン論証の本質がこうした「非決定性」にあることを示していると言えるであろう。ではこの非決定性は何を意味するのであろうか。

4　神の自由と蓋然性

クルージウスがア・ポステリオリな認識根拠で最も問題にしたいのは、実は人間の自由な行為の予知の問題であった[26]。クルージウスによれば自由な行為はア・ポステリオリにのみ認識可能である。なぜなら「自由な行為は十全な決定根拠を欠いているが故に、有限の知性によっては蓋然的にしか予知されえない」からである（CP. IV.1, S.254）。ライプニッツの決定根拠律は「いかなるものについてもア・プリオリの根拠が存在する」と主張する原理であるため、ア・ポステリオリな認識根拠の意義を正当に評価していないのである（ebd.）。そして自由な行為のア・ポステリオリな認識は蓋然性の方法による認識に他ならないのである。

有限な悟性が自由な行為について予知すべきことは、蓋然性の方法によって認識しなければならない。なぜなら論証の方法で認識するとしたら、有限な悟性はその存在や性質をその決定根拠から予知することができるに違いないが、それは矛盾している。なぜなら自由な行為はそれによって自由であることをやめてしまうからである（CP. III, S.735）。

クルージウスによれば自由とは「それによって主体が一様に措定された諸状態において、ある行為を行なったり、中止したり、他の仕方で企てることができる作用」（CP. II, S.876）である。彼は「存在論」第五章でこの作用を「自由の根本作用」（Grundthätigkeiten der Freyheit, actiones primae liberae）と称し、存在論的に解明している（CP. II, S. 143）。「根本作用」とは「他の作用を介さずに主体の力から直接生じる作用」（CP. II, S.139）であり、「自由の根本作用」とは「諸条件が措定されれば生じうるが、しかし生じないことも、あるいは他の仕方で企てられることもありうる」（CP. II, S.140）根本作用である。

しかしこの作用は「盲目の偶然」によって生じるのではなく、作用する主体においてつねにしかるべき原因を持っている。その原因とは「それによって根拠づけられたものが、これらの諸状態においては他にはありえないという仕方で現実的あるいは可能的になる根拠」である「決定根拠」（determinirender Grund）ではなく、「そこにおいて原因性にとって必然的ないかなるものも欠けていない」ところの「充足原因」（zureichende Ursache）である（CP. II, S.148－149）。クルージウスはこの充足原因について『根拠律論文』第四五節で以下のように述べる。

したがって正確かつ厳密に言えば、私見によると自由な行為においても充足根拠が保持されている。もちろんそれはたんに充足原因であって、それに加えてさらにただ一つの行動様式へと決定された原因ではない。なぜなら自由な実体は、それが自由に行為するときは行為への十分な力を備えているが、しかし確かに自由に行為している限り、その行為を中止するために同様に十分な力も備えているからである。自由な実体が企てることはその力を越えておらず、それ故にそのための十分な力が存在している。しかし同時にそれらを実現するためにこの同じ力が同様に十分であった他の多くの行為も存在していたのである。私は留まることもできるが、私は去る。私は去ることもできるが、留まる。私はどちらもできるが、新たな決定根拠を必要としているわけではなく、自分で自分を決定する。すなわち存在あるいは行為の等しく可能な数多くの様式のうちから、ある一つの様式を選び出し、私の行動力は行為できることから行為することそれ自体へと、その生得的な能力（habilitas）によって移行していくのである（CP. IV.1, S.259－260）。

充足根拠はある行為を行なうのに十分な力を備えているが、決してただ一つの行為に決定するように強制する根拠ではない。その行為を中止する根拠も、あるいはその行為以外の行為を実現したであろう根拠も、同等に十分な力を備えた根拠でありうる。充足根拠は「自由な行為を完全に決定するのではなく、行為する精神をたんにあるものに傾かせる（geneigt machen）」（CP. II, S.877）だけの根拠である。たとえば強さが等しい二つの根拠のうち一方を選択しそれにしたがって行為することもできるし、より強い根拠に対抗してより弱い根拠を選択しそれにしたがって行為することも可能である。[27] クルージウスは自由が「理性的精神の欲求の諸対象において選択することができる力」（CP. II, S.878）であるとも述べている。「自由の根本作用」はクルージウスの形而上学の「本質的動機」であり、ヴォルフの決定論的な存在論に対する「論争の要石」でもあるのである。[28]

クルージウスは「存在論」第八章において、「自由の根本作用」に基づいて「仮定的必然性」を絶対的必然性から区別する。クルージウスによれば、絶対的必然性がそれによってあるものが「他にはありえない」必然性であるのに対し、仮定的必然性はそれによってあるものが「ある状態の措定においては起こらなかったり、他の仕方で生じることはありえないが、しかし同じ状態の系列においては時としてその作用を中止したり、他の仕方で企てることができる原因が見出される」必然性である（CP. II, S.204）。すなわち仮定的必然性とはたんにある状態があるものの原因として措定されるという条件下での必然性を意味するのではなく、その作用を中止したり、他の仕方で企てることができる「自由の根本作用」がその原因として措定されうるという条件下での必然性を意味するのである。この点においてクルージウスは仮定的必然性を「系列的必然性」（necessitas consecutionis）からも区別する。なぜなら後者は条件として措定されるものの系列自体が必然的であるならば、絶対的な必然性に転ずる可能性があるからである（CP. II, S.206）。クルージウスは『根拠律論文』第五節でヴォルフの仮定的必然性をこのような系列的必然性に相当する必然性として批判している。[29] 決定根拠律の原理にしたがえば現に起こっているものはその反対が起こりえないが故に必然的である。しかしこのことは現に起こっているものの根拠のみならず、その根拠の根拠に関しても妥当する。そして先行する根拠をどこまで背進的に昇り詰めて行ったとしても同じことがいかなる存在、状況についても妥当するのである。それ故、「何であれ現にあるもののみが、その反対が起こりえないが故に必然的であるだけでなく、先行するもののすべての系列も同じ必然性によって強制されているのである」(CP. IV.1, S.197)。これに対して「自由の根本作用」はたんなる「充足根拠」を原因とする作用であるが故に、決定根拠のように先行する根拠の系列全体を絶対的に必然的なものにする恐れはない。したがってすべての仮定的必然性は系列的必然性でもあるが、すべての系列的必然性が仮定的必然性であるとは言えないのである。

こうした「自由の根本作用」によって、クルージウスは神の自由をも存在論的に説明する。クルージウスによれば、神の自由とは「それによって行為が諸状態において生じたり、中止されたり、あるいは他の仕方で生じることができるほどに、神が自らの行為を始めたり、継続したり、終わらせたりできる神の意志の特性」(CP. II, S.570) である。神が行為を諸状態において実行したり中断したりする自由を「矛盾の自由」(libertas contradictionis)、神が諸状態においてあの仕方あるいは他の仕方で行為を企てることができる自由を「反対の自由」(libertas contrarietatis) と称する (CP. II, S.570 – 571)。この「反対の自由」について、クルージウスは次のように述べる。

したがって神は世界をより先にもより後にも創造することができたのである。そして神がなぜ世界を神の永遠性の他の時点ではなくこの時点において創造したのか、といういかなる決定根拠も不可能である。したがって神は世界の始まりをたんに任意に規定したのであり、反対の自由を持っているのである (CP. II, S.572)。

ヴォルフはこの世界が「最大完全性」を有するが故に神によって選ばれた「最善世界」であると考えていた。これに対してクルージウスは、「最善世界」という命題は「誤ってそう名付けられた充足根拠律」によって、「神が多くの可能的諸世界の中から、なぜ他の世界ではなくこの世界を選んだのかという決定根拠を持っていたに違いないということが信じられた」ために主張されたと述べる（CP. II, S.748）。すなわちこの命題においては「あらゆる可能的諸世界の中である一つの世界が最善であることが前提とされている」ために、神は創造において最善世界のみを選ぶことが「決定」されており、「最善世界以外のいかなる世界も現実化することはできなかった」ことになってしまうのである（CP. II, S.749）。もしライプニッツの「決定根拠律」が無制限に認められれば、神の「反対の自由」は廃棄されてしまうであろう（CP. II, S.749－750）。また世界が「最大完全性」を有するということ自体が不可能である。なぜなら世界の完全性は「有限な完全性」であり、つねに「より大なる完全性が考えられる」からである（CP. II, S.298）。すなわち神は「前進的無限」（Infinitas progressiva）によってより多くを付加することができるのである（CP. II, S.743）。神が創造する世界は最善世界ではなく、たんに「非常に善い世界」であり、悪は「自由の誤用」によってもたらされたものであり、世界の本質には属さないのである（CP. II, S.753－754）。クルージウスは決定根拠律に基づく最善世界を否定することによって神の「反対の自由」を確保しているのである。

このようにクルージウスが主張する自由の本質はその「非決定性」にあると言える。そしてこの非決定性はデザイン論証の非決定性に通じている。なぜならクルージウスはこの論証において、世界の秩序を「他の仕方においても」設定できる自由なデザイナーとしての神の存在を証明していると言えるからである。したがってクルージウスの意図は、人間の自由な行為を蓋然性の方法によって認識するのと同様に、自由な神の存在をこの方法に基づくデザイン論証によって証明することにあったと言えるのではないだろうか。世界の秩序を偶然の所産とみなすことは不可能ではないが、「合理的」ではない。世界の秩序の原因をその創始者としての神に帰することは「合理的」であるが、予め決定されているわけではない――クルージウスのデザイン論証の主旨を簡潔に表現すればこのように言うことができるであろう。一見消極的とも思われるデザイン論証の非決定性は、実は神の自由を合理的に確保する巧妙な戦略であり、それを可能にしたのが蓋然性の方法なのである。したがって、クルージウスの蓋然性の方法の独自性はヴォルフ学派に見られる決定論的な困難を緩和した「非決定的合理性」にあると言えるであろう。

第五章　カントにおける蓋然性の哲学的基礎

カントは「蓋然性の論理学」の展開に終止符を打ったとみなされている。しかしこれによって蓋然性そのものの意義が否定されているわけではない。本章ではまずカントが「蓋然性の論理学」を否定するに至った経緯を講義録やレフレクシオーンを手掛かりに発展史的に考察する。次に超越論哲学において蓋然性がどこに位置づけられているかを考察する。さらに仮定的必然性と道徳的確実性の意味をヴォルフ、クルージウスと比較することで明らかにしたい。

一　「蓋然性の論理学」を巡る展開

1　『論理学』における「蓋然性の論理学」の否定

一八〇〇年のイエッシェ編集の『論理学』では、蓋然性とは「十分な根拠に対して、反対する根拠が持つよりも一層大なる関係を持っているような、不十分な根拠に基づく信憑」（Ak. IX, S.81）であるというカントの見解が示されている。論理学の講義のテキストであるマイアーの『論理学綱要』では、「ある不確実な認識を採用する根拠が拒否する根拠よりも、より多くより強い」場合にその認識は蓋然的であるとし、十分な根拠との関係が問題とされていない。(1)これに対してカントは、十分な根拠との関係の有無によって蓋然性を「仮象性」（Scheinbarkeit, verisimilitudo）から区別する。(2)すなわち蓋然性の場合には「それによって蓋然性を評価することができる尺度がいつでもそこになければならない」（Ak. IX, S.82）。その尺度とは「確実性」である。蓋然性は十分な根拠に基づく確実性と比較されることによってのみ評価されうるのであり、それによって「どれほどのことが確実性には必要であるか」を知ることができるのである。これに対して仮象性にはこうした尺度が存在しない。仮象性においては不十分な根拠を十分な根拠とではなく、反対する（不十分な）根拠と比較できるのみである。したがって信憑の根拠は、蓋然性においては「客観的に妥当」するが、仮象性においては「主観的に妥当する」だけである（ebd.）。

さらにカントはこうした蓋然性の評価を数学に限定する。すなわち数学的認識においては蓋然性の要素が「同種的」であるが故に、その関係を「数値化する」ことが可能であるが、哲学的認識においては要素が「異種的」であるため、その関係は数値化されず、たんに「重みを量る」ことができるのみである。したがって数学者は不十分な根拠が十分な根拠に対して持つ関係を規定できるが、哲学者は「たんに主観的で実践的に十分であるような信憑」すなわち仮象性で満足しなければならない。従来「蓋然性の論理学」として探究された論理学は実はこうした「仮象の論理学」に過ぎないのである。すなわち「ひとは蓋然性の論理学について多くを語ってきた。だがそうした論理学は可能ではない。というのも、不十分な根拠が十分な根拠に対して持つ関係を数学的に考量できない場合には、すべての規則が役立たないからである」(ebd.)。

このように批判期のカントは「蓋然性の論理学」に対して否定的な見解を展開した。確かにこうした見解はすでに前批判期のカントの講義録やレフレクシオーンにも見出される。たとえば一七六〇－七〇年代の記述と判定されているレフレクシオーン二五九一番では、「蓋然性においては、ある事象を支持することが知られている根拠はその反対の根拠と比較されるのではなく、確実性の十分な根拠と比較されなければならない。前者はたんに仮象性を形成する」(Ak.XVI, S.432) と述べられている。また一七七〇年代初頭の講義録とみなされている『ブロンベルク論理学』には、「数学のみがわれわれが物事の十分な根拠を認識できる種類の学問である。しかし哲学ではそれはありえない。したがって哲学におけるあらゆるわれわれの認識は、疑いもなく確実ではないが、決して蓋然的ではなく、つねに仮象的でしかありえない、ということになる」(Ak.XXIV.1, S.197) という記述がある。[3]しかし本節2で述べるように、この時期のカントはまだ「蓋然性の論理学」について肯定的な見解をも持っていた。この事実はこうした批判的な見解が直ちに「蓋然性の論理学」の可能性を否定するまでには至らなかったことを意味する。ではカントはどのような展開を経てこの論理学を否定するに至ったのであろうか。

2　実践的論理学としての「蓋然性の論理学」

前批判期の公刊著作においてカントが「蓋然性の論理学」に言及している箇所は、ほぼ皆無である。[4]しかしわれわれはレフレクシオーンと論理学に関する講義録からその足跡を辿ることができる。一七五五－五六年の記述と判定されているレフレクシオーン一六六九番では、「蓋然性の論理学は実践的論理学 (practische Vernunftlehre) のより必要な部分である。たとえば歴史的信憑性の評価において。事象が確実に認識できる場合にも、この論理学で、すなわち近似値で間に合わせることがある」（Ak.XVI, S.72）と述べられている。本書第二章一の2で示されたように、「理論的論理学」が概念、判断、推理の規則について理論的に論じる論理学の部門であるのに対し、「実践的論理学」は理論的論理学で明らかにされた規則を実際の認識に適用する仕方について論じる部門である。すなわち「まだ見出されていない真理の発見やすでに見出されている真理の判定における論理学的規則の適用」を示す部門である。[5]「蓋然性の論理学」が実践的論理学の「より必要な部分」であるのは、この論理学が「真理の発見」に役立つからである。われわれは実際の認識において直ちに論理的に完全な認識に到達することは困難である。しかしわれわれは不完全だがすでに認識された真理から、他の認識されていない真理を推測することによって、より完全な認識へと接近できる。ヴォルフ同様にカントも「蓋然性の論理学」を「発見法」（ars inveniendi）の原理に基づく論理学とみなしていた。

前批判期のカントはこの理論的／実践的論理学という区分を継承し、「蓋然性の論理学」を実践的論理学の一部分として肯定的に評価していた。たとえば『ブロンベルク論理学』では、「日常生活においてわれわれは確実性よりも蓋然性にしたがって行動する故に、蓋然性の論理学はきわめて有用であるだろう」（Ak.XXIV. 1, S.38）という記述がある。しかしその一方でカントは「蓋然性の論理学は……葬祭保険基金において利用されている。それはあらゆる人間の経験に拡張されるべきであるが、しかしそのような論理学はまだ存在しない」（ebd.）とも述べている。このことは「蓋然性の論理学」が「歴史的信憑性の評価」や「葬祭保険基金の計算」といった特定の対象に適用される論理学としては存在しているものの、「あらゆる人間の経験」に適用される一般的な論理学としては存在していないことを意味する。[6] 以上のことから前批判期のカントは、あらゆる経験一般に適用される「蓋然性の論理学」の不在を認識しつつも、その有用性の故に、ライプニッツ同様にその実現を期待していたと

言えるであろう。(7)

3 「オルガノン」としての実践的論理学

ところで前批判期においてカントは、こうした実践的論理学がオルガノンであるという指摘をしている。たとえば一七六〇－七〇年代の記述と判定されているレフレクシオーン一五六六番では、「あらゆる客観的論理学は理論的である。つまりそれはそれ自身完全な認識には何が属するかを示す。しかし論理学が主観的な原理を持つ限り、すなわち認識を完全にするために、われわれの悟性と理性の法則にしたがっていかなる手段が要求されるかを認識する場合には、たんに実践的である」(Ak.XVI, S.6) と述べられており、前者が学問の「批判」であるのに対し、後者は「オルガノン」であると指摘されている。すなわち前者が完全な認識の条件を示す「識別 (diiudication)」の規則」にしたがって認識をより厳密に限定するのに対し、後者は完全な認識に到達するために悟性や理性がいかに振舞うべきかを示す「執行 (execution) の規則」にしたがって実際に認識を構成する (レフレクシオーン一五七九番、Ak.XVI, S.22)。ここでは両者は相互補完的な関係にあり、オルガノンとしての実践的論理学の意義が肯定されている。

しかしカントは次第に実践的論理学を否定的に評価するようになる。一七七〇年代初頭の講義録とみなされている『フィリピ論理学』では、実践的論理学の問いの解決は「多くの場合トートロジーである」(Ak.XXIV.1, S.319) という記述が見られる。すなわち理論的論理学は「認識が論理的に完全である条件」を示すのに対し、実践的論理学は「われわれが論理的完全性の条件を満たすことができる手段」を示すが、多くの学者が「認識が完全になる条件を指示することによって、完全性に至る手段を与えたと思った」(Ak.XXIV.1, S.338) のである。たとえば概念の「明晰・判明性」は認識の論理的完全性の条件であるが、いかにして認識を論理的に完全にするかという問いに対して、たんに「概念を明晰・判明にすればよい」と答えるだけでは、実際に概念を明晰・判明にすることによって認識を論理的に完全にする手段を指示したことにはならない。カントは論理学が思考の規則の学である以上、その規則の行使を「再び規則によって行なうことしかできない」が故に、「規則の行使は教えられない」と述べており（Ak.XXIV.1, S.339）、ヴォルフの指摘を継承しているのである。

こうした実践的論理学の否定的評価は、「論理学はカノンであってオルガノンではない」という批判哲学の立場が明らかになるに至って決定的となる。(8) たとえば一七七三－七五年の記述と判定されているレフレクシオーン一六〇三番では、「論理学は悟性と理性一般の［普遍的で］純粋な法則についての（ア・プリオリな）学問であり、特殊な使用の法則についての学問ではない。……論理学はカノンであるが、しかしオルガノンではない。すなわちア・プリオリに証明可能な判定（識別）の規則であり、われわれの認識の構成の規則ではない」（Ak.XVI, S.33）と述べられている。(9) 論理学は悟性・理性使用の普遍的・形式的な「規準」であるカノンを意味し、認識の具体的内容を構成するオルガノンではない。オルガノンは認識の内容の「異種性」に左右される「特殊な使用の法則」に過ぎず、一般的な学としては成立しないのである。(10) 論理学がカノンであると解釈されることによって、オルガノンとしての実践的論理学は論理学の一部門という位置づけを否定されるようになる。一七八〇年代初頭の講義録とみなされている『ペーリッツ論理学』では、「カノンとしての論理学は学であるが、オルガノンとしての論理学は術（Kunst）である。しかしながら論理学はオルガノンではない。というのも、さもないと実践的な論理学も存在せざるをえないだろうから。論理学は判定のためのカノンでしかない。論理学は理論的論理学と実践的論理学とに区分されえないことが、なお示されるであろう」（Ak.XXIV.2, S.505）と述べられている。(11)

このようにして実践的論理学はオルガノンであるがゆえに論理学の一部門ではないという見解に到達することによって、カントはその一部分としての「蓋然性の論理学」もオルガノンであるがゆえに論理学の一部門ではないという見解に到達したと推測できる。それはこの論理学が「発見法」の一部であり、認識された真理から未知の真理を推測する「術」とみなされていたことからも裏づけられるであろう。またそれが認識される対象の内容に関わる論理学であることは、たとえば一七八〇年代初頭の講義録とみなされている『ウィーン論理学』で、「蓋然的なものの論理学は純粋論理学ではない。それは客観を対象に持つ学問であるだろう……」(Ak.XXIV.2, S.879) と述べられていることからも明らかである。「蓋然性の論理学」が客観を対象に持つ論理学であるということは、その客観の内容の「異種性」に左右される論理学であることを意味する。たとえば「学生Aは落第した」という事実から「彼の成績は六十点未満である」という仮説を推理する場合、その蓋然性は学生Aの所属する大学が落第を試験成績だけで決める大学か出席状況も考慮する大学かで変わるであろう。したがって「蓋然性の論理学」は、各々の客観の内容に応じた特殊論理学としては可能であるかもしれないが、一般論理学としては不可能であろう。

しかしカント自身は実践的論理学がオルガノンであることを直接の理由として「蓋然性の論理学」を否定することはなかった。カントが「蓋然性の論理学」を否定するに至るのは理論的／実践的論理学に代わる新たな論理学の区分を採用することによってである。それは分析論／弁証論という区分である。

4　弁証論としての「蓋然性の論理学」

分析論／弁証論という区分の思想史的源泉は、古くはアリストテレスにまで遡ることができる。アリストテレスはいわゆる「三段論法」に基づく推論の体系およびこれを基礎とする論証と探究を「分析論」と称した。これに対し「弁証論」はいわゆる通念や経験的知識に基づいて討論の形式で行なわれる弁証法的推論の探究であり、アリストテレスはこれを論理学の一部門である『トピカ』において行なっている。こうしたアリストテレスに由来する伝統的な区分は、十八世紀のドイツ啓蒙主義哲学においてはごく少数の思想家によって継承されているに過ぎない。[12]その中の一人はカントが論理学講義のテキストに用いた『論理学綱要』の著者であるマイアーである。マイアーは論理学を「まったく確実な学的認識の論理学」と「蓋然的な学的認識の論理学」に区分し、前者を分析論、後者を弁証論と称している。[13]しかし理論的／実践的論理学の区分を継承した一七五〇－六〇年代のカントは、この区分を論理学の区分として意識的に論じることはなかった。

カントが分析論／弁証論の区分を論理学の区分として使用するのは一七七〇年代からであり、その区分はカノン／オルガノンの区分に対応する。一七七三－七五年の記述と判定されているレフレクシオーン一六〇二番では「カノンとして考察された一般論理学は分析論（一般悟性の）である。オルガノンとして考察された一般論理学は弁証論である。……もしそれがオルガノンとして考察されるならば、それは仮象の論理学である」と述べられている（Ak. XVI, S.32）。上述の通りこの時期のカントはすでに「論理学はカノンであってオルガノンではない」という立場に到達しており、弁証論は一定の規準にしたがって真偽を判定するためのカノンではなく、相対立する根拠を比較考量することで真理を発見するためのオルガノンであるという見解を持っていたと考えられる。そして一七八〇年代の論理学講義ではこうした見解に基づいて、弁証論を「蓋然性の論理学」とみなす伝統的解釈に対する明確な批判が行なわれる。たとえば『ペーリッツ論理学』では次のような記述がある。

著者〔マイアー〕たちは弁証論を「蓋然性の論理学」と考えている。しかし蓋然性には仮象との相違点がある。蓋然性は「部分的真理」(eine partiale Wahrheit) である。仮象は真理と対立するが、蓋然性は〔真理と〕対立しない。蓋然的であることは確実だが不十分な根拠に基づく真理についての判断であり、不十分であることが十分であることに属するように、蓋然的であることは真理に属する。なぜなら蓋然的であることにさらに根拠が加われば、真理になるからである (Ak.XXIV.2, S.507.〔 〕内は筆者が補った)。

マイアーは伝統的解釈にしたがって、「蓋然的な学的認識の論理学」(弁証論) を「ある真理に対する肯定あるいは否定の根拠を見出し、どちらに最も多くの最も強い根拠が見出されるかを合理的に認識するために、両者を互いに比較考量する」論理学の部門とみなしている。[14] しかしカントにとって弁証論は「蓋然性の論理学」とは言えない。なぜなら蓋然性においては、ある真理を肯定する根拠が否定する根拠と比較されるのではなく、その真理を肯定する十分な根拠と比較されなければならないからである。マイアーが「蓋然性の論理学」とみなしている弁証論は、不十分な根拠を別の不十分な根拠と比較しているに過ぎず、カントにとっては「仮象の論理学」に他ならない。こうしてカントは弁証論としての「蓋然性の論理学」を否定するに至るのである。

しかしカントは「蓋然性の論理学」の可能性を否定したものの、蓋然性そのものを否定したわけではない。カントによれば仮象が真理と対立するのに対し、蓋然性は真理の不十分な根拠が十分な根拠に対して持つ関係を意味し、むしろ「部分的真理」として真理に属するのである。こうした見解はカントが『純粋理性批判』超越論的弁証論の序論において、蓋然性の学説を「仮象の論理学」である弁証論から区別し、「論理学の分析的部門」から「分離されてはならない」ものともみなしていることと一致する (A293＝B349)。ではそれは分析論のどこに位置づけられるのであろうか。

二　「蓋然性の数学」の基礎としての超越論哲学

1　数学的認識の確実性

上述のようにカントは「蓋然性の論理学」の可能性を否定したものの、蓋然性を数学的に測定する可能性については認めていた。すなわちカントにとって蓋然性の学説とは「蓋然性の数学」に他ならない。カントは一七八三年の『プロレゴメナ』において、「……算術における蓋然性の計算に関して言えば、それは与えられた同種的な諸条件のもとで、あることが起こる可能性の度合いについての、蓋然的ではなく、まったく確実な判断を含んでおり、この諸条件はあらゆる起こりうる場合の総数においてまったく間違いなく規則に適っていなければならない……」（Ak.IV, S.369）と述べている。ここでカントは蓋然性を、ライプニッツ同様にあることが起こる「可能性の度合い」とみなしており、その計算は「まったく確実な判断」を含んでいると考えている。ここで問題となる確実性とは数学的認識の確実性である。われわれはまずカントがこの確実性についてどのように考えているかを考察する。

カントが数学的認識の確実性をはじめて主題的に取り上げたのは、一七六四年に刊行された『自然神学と道徳の諸原則の判明性』（以下『判明性論文』と記す）と題する論文である。この論文は一七六二年にカントがベルリンの科学アカデミーの懸賞課題に応募した論文であり、そこでは形而上学が数学や幾何学と同等の確実性に到達できるかどうか、また形而上学が確実性に到達する固有の方法とは何かが論じられている。カントはこの論文の第三考察で、「数学的確実性は哲学的確実性と種類を異にする」（Ak. II, S.291）と述べ、数学的確実性の根拠として、数学的定義の特殊性と数学的記号の直接的明証性とを挙げている。このうち数学的記号の直接的明証性に関して、カントは次のように述べる。

……数学は推論や証明において、その普遍的認識を記号のもとで具体的に考察するが、これに対して哲学はその認識を記号と並べて依然として抽象的に考察する。このことは両者が確実性に到達する仕方に大きな違いをもたらす。なぜなら、数学の記号は感性的な認識手段であるから、ひとは眼で見るものが確実であるのと同じ確信を持って、一つの概念も見落とされていないこと、個々の比較はすべて容易な規則にしたがって行なわれたことなどを知ることができるからである。その際注意力の負担が非常に軽減されるのは、数学が事象を普遍的な表象において考える必要はなく、記号をそこで感性的である個々の認識において考えればよいからである（ebd.）。

ここでは数学的記号が「感性的認識手段」であるが故に、「眼で見るものが確実であるのと同じ確信を持って」操作できることが数学的確実性の根拠として示されている。数学において取り扱われるのは事象そのものではなく、それに代わる記号であり、まず事象の増大や減少、さまざまな関係が記号化された後、「これらの記号によって容易で確実な規則にしたがって、置換、結合、引き算および様々な種類の変換が行なわれる」（Ak. II, S.278）が、記号化された事象そのものはその過程でまったく忘れ去られ、最後の結論において記号化された推論の意味が判読されるのである。これに対して哲学においてはこうした記号化が不可能であるから、普遍的なものを抽象的にしか認識できないのである。

次に数学的定義の形成法について、カントはその特殊性が「概念の任意的結合」による「総合的」な形成法であることを指摘している（Ak. II, S.276）[15]。たとえば「不等辺四辺形」の概念は、一つの平面を囲み、向かい合う辺が平行でないような任意の四直線を考えることによってはじめて与えられる。すなわち数学においては事象の概念は「定義以前には与えられず、定義によってはじめて生じる」（ebd.）のであり、それ故に「定義が概念に与える意味以外のいかなる意味も持たない」（Ak. II, S.291）のである。このことが数学的確実性の第二の根拠である。これに対して哲学においては、事象の概念が定義以前に「すでに与えられている」が、それはまだ「混乱しているか、もしくは十分に規定されていない」（Ak. II, S.276）。したがって哲学においては、定義に先立ってまず「概念を分析し、分離された徴表を与えられた概念とあらゆる場合に比較して、この抽象的な思想を周到かつ規定的ならしめなくてはならない」（ebd.）のであり、「分析的」な形成法によってのみ定義に到達することが可能なのである。

数学的認識の確実性に関する以上の論点は、『純粋理性批判』における「超越論的方法論」の「純粋理性の訓練」の章に引き継がれ、若干の進展も見出される。まず数学的記号の直接的明証性に関しては、以下のように述べられている。

しかし数学は幾何学におけるように、たんに「量」（quantum）を構成するのみならず、代数学におけるように「たんなる量」（quantitas）をも構成するが、その場合数学はそうした量概念にしたがって思考されるべき対象の性質をまったく捨象する。そして代数学は、加法、減法など、また開法のような量一般（数）のすべての構成を表すある種の記号を選び、量の普遍概念をそのさまざまな関係にしたがって表示した後、量によって産出され変化させられるあらゆる操作を、ある種の普遍的な諸規則にしたがって直観において描出するのである。ある量が他の量によって除せられる場合には、代数学は両者の記号を、除法を示す形式にしたがって合成する等々。それ故代数学は、記号的構成（symbolische Konstruktion）を介して、明示的あるいは幾何学的構成（諸対象自身の）にしたがう幾何学とまったく同様に、比量的認識がたんなる概念を介して達することは決してできない点にまで達するのである（A717＝B745）。[16]

以上の記述の全体の趣旨は『判明性論文』で述べられたことと同じである。しかしいくつかの論点に進展が見られる。まず代数学で扱われる「たんなる量」（quantitas）が幾何学の「量」（quantum）から区別されている。この区別は後述するように「規定される量」（quantum）と「規定する量」（quantitas）の区別に相当し、「可能性の度合い」としての蓋然性を分数化する可能性を示す上で重要な区別である。次に「記号的構成」や「直観において描出する」といった数学的認識の直観的・構成的性格が明示されていることとである。このことは数学的記号の直接的明証性に留まらず、数学的定義の客観的妥当性に密接に関わるので、以下ではこの点について考察する。

『判明性論文』においては数学的定義のみが可能であるとみなされた。その理由は数学においては定義が「概念の任意的結合」によって形成されるが故に、事象の概念は定義によってはじめて与えられ、定義以上の意味を持たないからであった。この論点自体はそのまま『純粋理性批判』にも引き継がれている。カントによれば哲学において「与えられた概念」はすべて定義不可能であり、定義される概念は「任意的な綜合」を含む概念のみであり、数学のみが定義を持っている。しかし「概念の任意的な結合」だけではその真の対象を定義することはできない。なぜなら「概念が経験的な諸条件に基づく場合、対象とその可能性は任意的な概念によってはまだ与えられていない」（A729＝B757）からである。われわれは任意的な概念からは「そもそもその概念が対象を持つかどうかさえ知らない」（ebd.）のである。ここには『判明性論文』では見られなかった任意的に結合された概念の客観的妥当性についての問題意識が表われている。[17] ではなぜ数学のみが定義を持ちうるのであろうか。その理由についてカントは次のように述べる。

それ故、定義の用をなす概念としては、任意の綜合を含み、この綜合がア・プリオリに構成されうるような概念以外のいかなる概念も残らない。したがって数学のみが定義を持っている。なぜなら数学は思考する対象をア・プリオリに直観においても描出するからであり、この対象は概念以上のものをも以下のものをも含みえないことは確実だからである。と言うのも、対象についての概念は説明によって、根源的に、すなわちその説明をどこからか導出することなしに与えられたのであるからである（A729－730＝B757－758）。

数学のみが定義を持ちうるのは、数学的概念を形成する任意的な綜合が「ア・プリオリに構成されうる」からであり、思考する対象を「ア・プリオリに直観においても描出する」からであり、そのためこの対象が定義以上あるいは以下の意味を持ちえないことは確実だからである。ここで強調されているのは概念の客観的妥当性を保証する直観の意義である。数学においては概念形成が同時にその対象をア・プリオリに直観において構成することでもあるが故に、概念と対象が一致することは自明である。そしてこのことは悟性形式（カテゴリー）と共に、空間・時間の直観形式が認識のア・プリオリな条件として確立される批判哲学の成立を待ってはじめて明らかにされたのである。一方哲学においては数学のように対象を構成することができないため、概念と対象の一致は自明ではなく、その客観的妥当性を証示するためには「演繹」という特別の方法が必要となるのである(18)。

こうして数学は哲学の外部にある独立した知の体系として、哲学の信任状なしにその確実性と真理性を保持していると言えるであろう。しかし『純粋理性批判』において数学と哲学はまったく独立した知の体系として相互に没交渉とみなされているわけではない。なぜならカントは「超越論的分析論」の「原則の分析論」の章において「直観の公理」と「知覚の予料」という二つの「数学的原則」の分析を行なっているからである。カントは数学と数学的原則の関係をどのように考えているのであろうか。これについてカントは次のように述べている。

確かに私は分析論において、純粋悟性の諸原則の表に際して、直観のある種の諸公理にも言及した。しかしそこで引き合いに出された原則はそれ自身いかなる公理でもなく、たんに諸公理一般の可能性の原理を提示することだけに役立ったのであって、それ自身は概念に基づくたんなる原則にすぎない。と言うのも、数学の可能性でさえも超越論哲学においては示されなければならないからである（A733＝B761）。

ここでカントは「公理」と「原則」とを明確に区別する。公理は「対象の直観における概念の構成」（A732＝B760）を介して対象の諸述語をア・プリオリに直接結合できるため、「直接的に確実」である。これに対して原則は「たんに概念に基づく」ため、直接的に確実ではない。なぜなら原則においては「経験における時間規定の制約」を「第三者」として探し求めなければならず（A733＝B761）、「概念のみから」諸述語との結合を直接導き出すことは不可能だからである。哲学における原則とは「自らの証明根拠すなわち経験を自らまず可能ならしめ、この経験においてつねに前提されなければならない」（A737＝B765）という特質を持つのである。したがって原則論における「直観の公理」とはそれ自身いかなる公理でもなく、たんに「公理一般の可能性の原理」を提示することにのみ役立つ原則に過ぎないのである。カントは「数学の可能性さえも超越論哲学において示されなければならない」と述べているが、その真意は「超越論哲学がなければ数学は成立しない」ということではなく、数学は哲学から独立して学として成立しているが、超越論哲学はその可能性をも示すことのできる学であるべきであるという程度のことであろう。

カントは「原則の分析論」で「数学の諸原則」（Grundsätze der Mathematik）と「数学的諸原則」（mathematische Grundsätze）とを区別し、前者は純粋直観から悟性を介して導出される原則であるのに対し、後者は「数学の諸原則の可能性とア・プリオリな客観的妥当性が基づいている諸原則」であり、「諸概念から直観へと進むが、直観から諸概念へとは進まない」原則であると規定している（A160＝B199）。ここでの客観的妥当性とは具体的には数学の原則の「経験への適用」（ebd.）を意味する。したがって数学的原則は数学の原則の経験への適用可能性、すなわちその客観的妥当性を証示する原則であると言えるであろう。もちろん数学の原則は「純粋直観における概念の構成」によって超越論哲学とは無関係にもその客観的妥当性が保証されているのであるから、ここで経験への適用可能性によって証示される客観的妥当性とは、むしろ「超越論哲学における」概念（カテゴリー）の客観的妥当性ということになるであろう。原則論に数学的原則を算入したカントの意図は超越論哲学による特定の学としての数学の基礎づけを目指すことではなく、あくまで超越論哲学の学としての体系的完全性を目指すことにあったと言えるであろう。ではこのような数学的原則は「蓋然性の数学」とどのような関係にあるのであろうか。

2　数学的原則と蓋然性

われわれは数学的原則と「蓋然性の数学」との関係を考察するために、再び『プロレゴメナ』に立ち戻って、そこで蓋然性が「可能性の度合い」と規定されていたことに注目する。この「可能性の度合い」については、一七九〇年代初頭の講義録とみなされている『形而上学L_2』において次のように述べられている。

> 内的可能性はいかなる度合いも持たない。なぜならわれわれはそれをただ矛盾律にしたがってのみ認識できるからである。しかし仮定的可能性は度合いを持っている。なぜなら各々の仮説は根拠であり、各々の根拠は大きさを持つからである。各々の根拠は度合いを持つ。他方帰結は外延的にも内包的にも考察されうる（Ak.XXVIII.2. 1, S.562）。

ここでカントは、講義のテキストであるバウムガルテンの『形而上学』の区分にしたがって、可能性を「内的可能性」と「仮定的可能性」に区分する[19]。内的可能性は無矛盾性を意味し、カントはこれをたんなる論理的可能性とみなしている。そこでは矛盾律との一致、不一致により判断が下されるのみで、いかなる度合いも存在しない。これに対して仮定的可能性は、ある事象とその根拠との一致もしくは適合性を意味する。もともとこの可能性はヴォルフの「外的可能性」に由来し、ある存在者が他の存在者を根拠もしくは原因として現実存在する可能性を意味した[20]。この可能性は根拠の量に応じて「より大きい」、「より小さい」、最大、最小といった度合いを有する[21]。カントも基本的にはこの考え方を継承し、「十分な根拠」との一致が「最大の適合性」であるとみなしている

（ebd.）。しかしその一方で「最小の適合性」を想定しておらず、仮定的可能性を「無限に減らされてゆくことができる」がゆえに、「消滅に向かってゆくもの」であると考えている（ebd.）。このことからカントは、仮定的可能性の度合いを「連続量」とみなしていると言える。

では連続量としての仮定的可能性の度合いはどのように規定されるのであろうか。カントは根拠の量を基本的には「内包量」とみなしている。しかしその一方で、帰結は「外延的にも」考察されうる。たとえば多数の帰結を有する根拠は「多産的な根拠」と称される（ebd.）。根拠の量が帰結から見て「外延量」として規定されうるとすれば、仮定的可能性の度合いも外延量として規定されうる。仮定的可能性の度合いが外延量として規定されうるとすれば、それは「数」によって規定されうることを意味する。カントは外延量や内包量といった「規定される量」（quantum）から区別して、数を「規定する量」（quantitas）とみなしている。具体的には単一性、数多性、総体性という純粋悟性のカテゴリーによって、空間・時間の感性的直観に与えられる量を規定する。その過程が展開されるのが、超越論的原則論における「直観の公理」の原則においてである。「直観の公理」とは「すべての直観は外延量である」（B202）という原則である。ここで外延量とは「部分の表象が全体の表象を可能にする量」（A162＝B203）のことであり、部分の複合体を意味する。一方、数はそれ自体は悟性概念であるが、直観の多様を綜合する悟性の作用において図式化する。すなわち数は量のカテゴリーの図式であり、時間における同種的なものの「一から一への継時的加算を総括する表象」（A142＝B182）に他ならない。カントが数に主として外延量を規定する機能を認めているのは、部分の複合体としての外延量と、諸部分を順次付加することで全体を構成する数の機能との間にパラレルな関係を認めているからである。

このように仮定的可能性の度合いを外延量として数値化することができれば、蓋然性を仮定的可能性の度合いと解釈し、分数として規定することができるのではないだろうか。カントは蓋然性を「分母があらゆる可能な場合の数であり、分子が当該事象が起こる場合の数を含む分数」(Ak.XXIV.2, S.880) とみなしている。たとえば「二つの骰子を一度投げた時に出る目の数の合計は7になる」という命題の蓋然性は1/6と規定される。したがって、カントが蓋然性の学説を「論理学の分析的部門」から分離されてはならないものとして位置づけているのは、「直観の公理」の原則に基づいて蓋然性の計算においても確実な判断が可能であると考えたからであろう。

確かに蓋然性の計算自体は他の代数学の演算同様に「純粋直観における記号的構成」によって、数学的原則とは無関係にも成立するであろう。しかし「直観の公理」の原則の意図は、こうした公理や数式が経験に適用される可能性を示すことにある。そのことは記号的構成を可能ならしめる量のカテゴリーと空間・時間の直観形式が同時に可能的経験の形式的制約でもあることによって示されるのである。これについてカントは次のように述べる。

さて空間は外的経験のア・プリオリな形式的制約であるということ、それによってわれわれが構想力において三角形を構成するのとまさに同じ形成的綜合は、われわれが現象についての経験概念を作るために、現象の把捉において行使する綜合とまったく同一であるということ、このことのみがこの概念とそのような物の可能性の表象とを結合するのである。そして連続量の可能性は、それどころか量一般の可能性でさえも、量についての概念はことごとく綜合的であるのだから、決して概念自身から明らかなのではなく、経験一般における諸対象の規定の形式的制約としての諸概念から、はじめて明らかなのである (A224＝B271－272)。

したがって、蓋然性の計算の規則も超越論哲学においては、「骰子の六つの目」のような外的直観の対象への適用可能性が証示されることによってはじめてその真理性を確保することになると言える。[22]仮定的可能性の度合いとして解釈された蓋然性は「経験の可能性の度合い」でもあると言えるであろう。

ところで本書第二章二の2でも明らかにされたように、ヴォルフは外的可能性には「仮定的必然性」が含まれると考えていた。カントにおいて仮定的必然性はどのように解釈されているであろうか。そしてヴォルフの存在論に見出される決定論的な困難は回避されているであろうか。われわれはこのことを仮定的必然性についてのヴォルフとカントの解釈の相違を通して考察する。

三　「唯一の経験」の仮定的必然性
――ヴォルフとの比較――

ヴォルフによれば「仮定的に必然的なもの」とは「その反対が与えられた仮定あるいは与えられたある条件のもとにおいてのみ不可能であるか、矛盾を含むもの」であった。[23]ヴォルフが外的可能性には「仮定的必然性」が含まれると言うとき、外的可能性とはこの可視的世界における因果系列上に位置を占めるという条件のもとでの可能性を意味し、その仮定的必然性とはこの可視的世界以外の「可能的諸世界」を前提とする必然性を意味しているのである。これに対してカントにおいては、仮定的可能性には仮定的必然性が含まれるという思想自体は見出されない。またこの可視的世界以外の可能的諸世界も想定されていない。[24]カントにおいて仮定的必然性の「仮定性」はどのように確保されているのであろうか。

カントは『形而上学L2』において、論理的必然性と実在的必然性とを区別する。論理的必然性は論理的に「その反対が不可能」であることを意味し、矛盾律にしたがって認識される。実在的必然性は事象の現実存在の必然性を意味する。実在的必然性はさらに絶対的必然性と仮定的必然性に区分される。絶対的必然性は事象の現実存在が「端的に（simpliciter）ア・プリオリに認識される」場合の必然性であるのに対し、仮定的必然性は事象の現実存在が「ある点にしたがって（secundum quid）ア・プリオリに認識される」場合の必然性を意味する（Ak. XXVIII.2. 1, S.557）。ある事物を「ある点にしたがってア・プリオリに」認識するというのは、その事物をたんに概念のみに基づいて認識するのではなく、「その根拠を経験に基づいて認識する場合」（ebd.）である。われわれは事物の現実存在を端的にア・プリオリに、たんに概念のみに基づいて認識することはできない。なぜなら概念は「私の思考一般に対する事物の関係を指示しているに過ぎない」（ebd.）からである。事物の現実存在を認識するためには「思考以外になおあるものが付け加わらなければならないのであって、それはある現実的なものの直観あるいは知覚なのである」（ebd.）。

ところでここで仮定的必然性について述べられていることは『純粋理性批判』の「経験的思惟一般の要請」の原則論において、「必然性の原則」について述べられていることとまったく同一である。必然性の原則とは「現実的なものとの連関が経験の普遍的制約にしたがって規定されているものは必然的である（必然的に存在する）」という原則である（A218＝B266）。「現実的なもの」とは「経験の質料的制約（感覚）と連関しているもの」（ebd.）であり、「必然的なもの」とは知覚されるものとの関係が悟性の原則にしたがって規定されているものを意味する。すなわち必然性とは知覚された原因から原因性の原則に基づいて生じた結果として認識されるものの必然性に他ならない。したがってカントにとって認識可能な必然性とはすべて仮定的必然性に他ならないのである。カントはこれを無制約的な必然性に対置して「制約された必然性」（A593＝B621）、あるいは盲目的必然性に対置して「理解できる必然性」（A228＝B280）とも称している。たとえばカントは「生起するすべてのものは仮定的に必然的である」（ebd.）と言う。これは「生起するすべてのものは現象における自らの原因によってア・プリオリに規定されている」（A227＝B280）ことを意味する。この場合「仮定的」とは原因－結果という前提条件を必要とする二項関係の必然性について述べられている。この意味に関する限りカントの言う仮定的必然性はヴォルフのそれと変わりはない。ヴォルフとの相違点はそうした前提条件が与えられる仕方にある。

ヴォルフの場合可能的諸世界の中からこの世界の因果系列が現実化したのは、究極的には神の自由意志によるものであり、端的にア・プリオリな神の決定によるものであった。しかしながらヴォルフは神が他の世界ではなくこの世界を選んだ根拠を、ライプニッツ同様に事象の「完全性の度合い」に求めた。したがってヴォルフの場合にもライプニッツと同様に、現実的世界の選択が唯一「最善世界」のみを選択する「決定根拠」に基づくという困難が認められたのである。これに対してカントは原則論において、可能的諸世界ではなく、可能的経験の複数性の可能性の問題に言及する。すなわち「諸現象としてのすべての事物は、唯一の経験の総括と脈絡に属するのかどうか、……あるいは私の諸知覚は（諸知覚の普遍的連関における）一つの可能的経験以上のより多くの可能的経験に属しうるのかどうか」（A230＝B282－283）という問題に対し、以下のように答えている。

悟性は経験一般に対して、感性と統覚の主観的・形式的諸制約にしたがって規則だけをア・プリオリに与えるのであり、この諸制約のみが経験を可能にするのである。他の（空間と時間以外の）直観の諸形式、同様に他の（思惟の、あるいは概念による認識の比量的形式以外の）悟性の諸形式を、たとえそれらが可能であるとしても、やはりわれわれはそれらを考え出したり、理解したりすることは決してできない。たとえわれわれがそれをできるとしても、これらの他の諸形式はやはり、そこにおいてわれわれに諸対象が与えられる唯一の認識としての経験には属さないであろう(A230＝B283)。

われわれにとっての直観形式とは空間・時間という感性的直観の形式であり、われわれにとっての悟性形式とはカテゴリーという比量的悟性の形式であり、それ以外ではありえない。それ以外の形式、たとえば直観的悟性の形式が可能であるとしてもわれわれにはそれらを「考え出したり、理解することは決してできない」のである。そしてわれわれの感性的直観の形式と比量的悟性の形式によって可能となる経験のみが、われわれにとっての「唯一の経験」なのであり、「……現象の別の系列、したがってすべてを包括する唯一の経験よりもいっそう多くの経験が可能であることは、与えられているものからは推論されない」(A231－232＝B284)のである。このことはヴォルフにおいてこの現実的世界のみが「最善世界」として予め決定されていたように、カントにおいても「唯一の経験」がわれわれにとって唯一可能な直観形式と悟性形式にしたがう経験として「決定されている」ことを意味するとも思われる。そうだとすれば前提条件の与えられ方の違いはあれ、カントの仮定的必然性にもヴォルフの場合と同様に、決定根拠によって系列全体の必然性が絶対的必然性に転化するというクルージウスの批判が当てはまることになるのではないだろうか。

確かにヴォルフの「最善世界」の決定性が神の全知に基づいているのに対し、カントの「唯一の経験」の決定性は人間知性の有限性に基づいているという相違はある。しかし現象の系列において、原因－結果という前提条件を必要とする二項関係は悟性の普遍的な法則によってア・プリオリに規定されている。カント自身「生起するものはすべて原因を持たなければならない、したがってそれ自身生起し、あるいは生成した原因の原因性もまたさらにある原因を持たざるをえない、ということはあらゆる経験の可能性すらの普遍的法則である」（A533＝B561）と述べており、また「感性界におけるすべての出来事が不変の自然法則にしたがってあまねく連関していることについての、かの原則の正当性は、超越論的分析論の原則としてすでに確立されており、いかなる破損を被ることもない」（A536＝B564）とも述べているのである。したがって感性界の対象に関する限り、カントもヴォルフ同様に決定論的であると言えるであろう。[25] もちろんこれによって人間の自由が損なわれることはない。言うまでもなくカントは『純粋理性批判』の「純粋理性の二律背反」において「自然法則にしたがう原因性」とともに、「自由による原因性」を「超越論的自由」として認めることで、自由と必然性の問題についてクルージウスとは異なる仕方で解決を試みているからである（A444ff.＝B472ff.）。

四 「理性信仰」の道徳的確実性
――クルージウスとの比較――

これまでの考察から明らかな通り、カントは蓋然性を数学的な意味に限定した。そのためカントの蓋然性にはクルージウスが「蓋然性の方法」によって展開した非数学的な認識論的蓋然性は含意されていない。しかしこのことはクルージウスの認識論的蓋然性の領域がカントの哲学においてはまったく除外されていることを意味しない。それは蓋然性とは異なる名のもとで扱われている。たとえばクルージウスが「無限の蓋然性」と称した「モラーリッシュな確実性」は、カントにおいては別の仕方で規定されている。『ブロンベルク論理学』においては「論理的確実性」と「感性的（aesthetisch）確実性」と「実践的確実性」が区別されている（Ak.XXIV.1, S.198）。論理的確実性とは「悟性と理性の規則」にしたがって事象そのものが持っているとみなされる客観的確実性である。感性的確実性とは「趣味の規則」にしたがった感情に基づく確実性である。実践的確実性とは「自由意志の規則」にしたがった行為の根拠の確実性であり、「ある人が持つ認識を真とみなすことの根拠がその人を行為へと規定するのに十分である」(ebd.)ということである。

実践的確実性はさらに「実用的(pragmatisch)確実性」と「道徳的確実性」とに区分される。実用的確実性は幸福を得るための手段を示す「怜悧の規則」にしたがった行為の根拠の確実性であるのに対し、道徳的確実性は「道徳性の規則」にしたがった行為の根拠の確実性を意味する。[26] この道徳的確実性について次のように述べられている。

最も多くの、ほとんどすべての著作者が道徳的確実性をまったく知らない。彼らはそれを各々の蓋然性とみなしている。たとえば月に居住者がいるかどうかは確実ではない。しかしつねに何らかの蓋然性がある。若干の人々はこれを道徳的判断とみなしているが、しかしこれは成り立たない。なぜならこのような判断は振舞いにいかなる影響も持たないからである。それは論理的蓋然性であり、たんなる思考である(Ak.XXIV.1, S.200－201)。

クルージウスは伝統的な用語法にしたがって、「アテネという町が存在した」という判断は「モラーリッシュな確実性」を有するとみなしていた。[27] しかしカントによればそのような判断はたんなる思考に関わる判断であり、「論理的蓋然性」を有するに過ぎない。カントにとって「モラーリッシュ」という言葉はまさしく「道徳的」ということのみを意味するのである。したがって道徳的確実性を有する判断とは判断する人の行為に関係を持つ判断に他ならず、しかもその行為は「怜悧の規則」ではなく、「道徳性の規則」にしたがう行為でなければならないのである。カントは前批判期において、すでに蓋然性を理論的認識の信憑性に限定し[28]、道徳的確実性を実践的認識の確実性に位置づけることによって両者を明確に区別している[29]。

道徳的確実性のこうした位置づけは批判期において一層詳細に規定されている。カントが『純粋理性批判』においていわゆるデザイン論証と称される神の存在の物理（自然）神学的証明の可能性を否定したことは周知の事実である（A620–630＝B648–658）[30]。しかしカントはこの証明の内容を知識とは異なる「信仰」という形で認めている。『純粋理性批判』の「純粋理性の規準」第三章において、カントは「信憑」（Fürwahrhalten）を「意見」（Meinen）、「信仰」（Glauben）、「知識」（Wissen）の三段階に区別して考察する（A822＝B850）。意見とは主観的にも客観的にも不十分な信憑である。信仰とは主観的にだけ十分であって、客観的には不十分な信憑である。知識とは主観的にも客観的にも十分な信憑である。さらにカントは信仰を「実用的信仰」（pragmatischer Glaube）、「理説的信仰」（doktrinaler Glaube）、「道徳的信仰」（moralischer Glaube）に区分する。実用的信仰とは「偶然的ではあるが、ある行為のための手段を実際に使用する場合にその根底にある信仰」（A824＝B852）であり、カントは「賭け」の例を挙げて、この信仰が賭ける金額によって、その度合いが大きくなったり小さくなったりする相対的なものであると説明している[31]。

理説的信仰とはたんなる理論的判断の信憑であるが、われわれは多くの場合ある企てを思想のうちで表現したり、想像したりできるのであり、「事象の確実性を決定するある手段があればそうした企ての十分な根拠を持つと考える」ので、「実践的判断の類比物」とみなされる理論的判断の信憑である（A825＝B853）。この理説的信仰の例として、カントは自然神学においてデザイン論証によって証明を試みられた自然の目的論的統一の創始者としての神への信仰を挙げるのである。

しかし私はこの〔合目的的〕統一を私にとって自然研究の手引きとしたところの条件を、ある最高の知性がすべてを最も賢明な諸目的にしたがってそのように秩序づけたと前提する以外に知りえないのである。したがってある賢明な世界創始者を前提することは、確かに偶然的ではあるが、しかし欠くことのできないある意図のための条件であり、すなわち自然探究において手引きを持つための条件である。私の試みの結果もしばしばこの前提の有用性を確証するし、私が私の信憑をたんに意見と名づけようとしたとしても、私の主張が余りにも過少であると決定的な仕方で反駁されることもありえず、むしろこうした理論的関係においてさえも、私は神を固く信じると言われうるのである。しかしその場合、この信仰はそれにもかかわらず厳密な意味では実践的ではなく、理説的信仰と名づけられなければならないが、こうした理説的信仰を自然の神学（物理神学）は必然的にいたるところで生じさせるに違いないのである（A826－827＝B854－855,〔　〕内は筆者が補った）。

確かに「ある賢明な世界創始者」という前提そのものは必然的とは言い難いが、われわれは自然探究の手引きとしての自然の「合目的的統一」を無視することはできない。そしてその条件として、「ある最高の知性」が最も賢明な諸目的にしたがって自然をそのように秩序づけたと前提する以外の条件を持たない。統制的原理としての「神の現存在」という理念は自然の合目的的統一という事象の確実性を決定するための主観的な根拠なのである。

したがってカントは、クルージウスのように自然の合目的的統一の創始者としての神の存在を「証明する」ことができるとは考えなかったが、「信仰する」ことはできると考えているのである。

しかしカントは理説的信仰における確実性を道徳的確実性とはみなしてはいない。なぜなら理説的信仰は「実践的判断の類比物」ではあっても、たんなる思想のうちにおける企てに過ぎず、実際に人をある行為へと関係づけるだけの影響力を持っていないからである。理論理性は一方では自然が機械因果的な法則にしたがって動いていると考えることもできるし、他方自然に合目的的統一を認めるとしても、神以外の別の超自然的存在者をその条件として考えるかもしれない。理説的信仰は理論理性の動揺によってしばしば失われる不安定な信仰なのである。道徳的確実性は道徳的信仰においてのみ可能である。(32)

道徳的信仰とは実践的判断の信憑であり、人を人倫的（道徳）法則にしたがう行為へと導く信憑である。そこでは「人倫的法則にしたがう」という目的が「端的に必然的な目的」として確立している。そして「この目的がすべての目的全体と連関し、それによって実践的妥当性を持つための条件」は、「神と来世は存在する」という条件以外にはありえない（A828＝B856）。具体的には徳と幸福との一致である「最高善」を可能にする道徳的主宰者としての神と、それが実現する場としての来世が存在すると信じることである。しかもこれ以外の条件を誰一人として知らないということをも、われわれは確実に知っている。したがってこうした条件のもとで道徳的信仰は必然的に成立するが、何一つとしてこうした信仰を動揺させることがありえないと確信できるのは、人倫的法則が「同時に私の格率でもあるから」（ebd.）なのである。この点についてカントは次のように述べる。

確かに誰も神が存在し、来世が存在することを知っていると自負できないことは言うまでもないことである。

なぜならそれを知っている人がいるなら、その人はまさしく私が長い間探していた人だからである。すべての知識は（それがたんなる理性の対象に関わる限り）伝えられうるものであり、それ故私は、その人の教えによって私の知識が賛嘆すべきほどに拡大されるのを見ることを期待することもできるであろう。しかしそうはならないのであって、この確信は論理的確実性ではなく、道徳的確実性であり、この道徳的確実性は（道徳的心術の）主観的な諸根拠に基づいているから、私は「神が存在すること等々は道徳的に確実である（es ist）」とさえ言ってはならず、「私は神が存在すること等々を道徳的に確信している（ich bin）」と言わなければならないのである（A828－829＝B856－857）。

知識が主観的にも客観的にも十分な信憑であるのに対し、信仰は主観的にのみ十分な信憑であった。しかし「実践的な関連においては客観的な根拠と同じほどに妥当するような主観的な根拠に基づく完全な信憑」（Ak. IX, S.72）が存在する。それが道徳的信仰に他ならない。実用的信仰は同じく実践的な判断の信憑であるが、たんに「任意の偶然的な目的」（A823＝B851）を目指す信仰であるが故に、客観的な根拠と同等の妥当性を有する主観的な根拠に基づいているとは言えない。これに対して道徳的信仰は「道徳的心術」（moralische Gesinnung）をその根拠とする信仰である。この道徳的心術もしくは「道徳性に対する自然な関心」は「あらゆる理性的存在者において必然的に生じる」（A830＝B858）が故に、道徳的信仰は「しばしばすべての知識よりも堅固である」（Ak. IX, S.72）。したがって道徳的確実性は、それぞれの理性的存在者の道徳的心術に基づく道徳的信仰の確実性なのであり、こうした信仰こそが真に「理性信仰」（Vernunftglaube）の名に値するが故に、同時にそれは理性信仰の確実性と言うことができるであろう[33]。

結語

本書の主題は矛盾律や充足根拠律といった理性原理に基づくドイツ啓蒙主義哲学の「合理性」に蓋然性がいかに組み込まれているかを考察することによって、「合理性」そのものの意味がいかに変化したかを再検討することにあった。全般的に見れば、ドイツ啓蒙主義哲学において蓋然性は「不十分な根拠」に基づく信憑性の度合いとして、主に「論理的に」解釈されている。しかしドイツ啓蒙主義の論理学は三段論法に基づく演繹推理が中心の論理学であり、本来蓋然性が問題となる帰納推理はあまり重視されていない。このことは蓋然性がドイツ啓蒙主義哲学において、イギリス経験論においてのように主題的に取り上げられなかったことの一つの原因であろう。また矛盾律や充足根拠律に基づくドイツ啓蒙主義の存在論は決定論的であった。そのため偶然性や蓋然性の哲学的基礎は存在論的には十分解明されなかったのである。さらにドイツ啓蒙主義の実践哲学では実用性よりも道徳性が重視された。そのため現代の合理的意思決定理論で問題とされる期待値や期待効用の問題は中心課題とはなりえなかったのである。

しかしその一方で「合理性」そのものの意味に関しては、いくつかの変化が見出される。ヴォルフは論理学を概念・判断・推理の規則を分析する理論的論理学とこれらの規則を認識に適用する仕方を解明する実践的論理学に区分し、「蓋然性の論理学」を発見法の原理に基づく論理学として後者に算入した。しかしヴォルフは「蓋然性の論理学」を積極的には展開しなかった。その理由は蓋然性の哲学的基礎づけの困難さにあった。ヴォルフは外的原因に拠る外的可能性を、無矛盾性を意味する内的可能性から区別し、可能性の度合いを前者に見出した。そして外的可能性には反対の可能性を否定しない仮定的必然性が含まれると主張することで、ライプニッツの哲学に固有の決定論的な困難に対応しようとした。しかし彼の存在論の原理である充足根拠律は、ライプニッツ同様にそれによって最大完全性を持つ事象のみが現実化される原理であり、クルージウスによって「決定根拠律」と称される原理であったため、こうした主張は無意味化されてしまったのである。その一方でヴォルフは確実な認識に到達するための手段としての「哲学的仮説」や、論証の前提としての「疑われていない経験」の意義を認めており、哲学的認識の合理性は仮説や経験によって補完されることを説いているのである。ヴォルフにおいて蓋然性は「理性と経験の結婚」と称する哲学的方法の要石であると言えるであろう。

ヴォルフ学派のランベルトは論理学を証明的発見の機能を持つオルガノンとみなし、蓋然性を三段論法の推理において命題間に生じる「論理的仮象」として位置づけ、推理全体の蓋然性を結論の繋辞に付加された分数によって表示することで、ライプニッツが構想した「蓋然性の論理学」を積極的に展開した。とりわけ命題間の確率関係には未規定の部分が存在し、確率の合計が1にならない「非加法的蓋然性」が成立することを明らかにしたことは、ケインズの確率論の先駆的業績とも言える。また「論拠の異種性」を前提とした組合せにおいても確率の計算が成立することを明らかにしたことは、カントがこの異種性を理由に「蓋然性の論理学」を否定的に評価したことと比べて、はるかに現代的であったとも言えるであろう。しかしその哲学的基礎に目を転じれば、そこに見出されるのは、真理は思考の構成要素である原子概念の組み合わせから生じるという古代・中世以来の「結合法」の伝統であり、蓋然性の計算の前提となる「完全な調和」も、その根拠が神の無限知性に求められている点において、今日的にはまったく無意味化した神学的前提であるとも言えるであろう。ランベルトの結合法の形而上学は蓋然性の理論的展開の前提であるとともに、その限界をも意味しているのである。

これに対して反ヴォルフ学派のクルージウスは、その反対が可能な命題の証明方法である「蓋然性の方法」を、矛盾律に基づく証明方法である論証の方法と同様に形而上学の方法として採用した。彼はこの方法をデザイン論証と称する神の存在証明に適用することによって、世界の秩序の原因を「多くの可能性」を前提とする偶然より、「ただ一つの可能性」である神に帰する方が無限に蓋然的であることを証明した。彼は「無限の蓋然性」に相当する確実性を、反対の不可能性が「証明」されないが「現実的には」不可能である「モラーリッシュな確実性」と称し、これを論証の確実性に匹敵する確実性とみなした。またある行為の「充足根拠」を、唯一つの行為へと決定する「決定根拠」から区別することで、行為を選択する「自由の根本作用」が働く場所を確保した。蓋然性の方法による証明はア・ポステリオリな認識根拠からの証明であり、神が「最善世界」のみを創造することをア・プリオリに決定されていない「反対の自由」を持つことを証明していると言えるであろう。全体的に見れば、クルージウスの哲学はヴォルフ学派の決定論的な哲学の原理を緩和することで蓋然性が占める場所を確保しており、その合理性は「非決定的合理性」と称することができるであろう。しかし彼の哲学は基本的には矛盾律と充足根拠律に基づいており、合理性自体に大きな変更が加えられているわけではない。また彼の蓋然性の方法はもっぱら認識論的な蓋然性に限定され、数学的な確率についての考察がまったく欠如している。このことは彼の蓋然性の理論が現代の確率論との接点を持ちえないという致命的な欠陥を持つことを意味しているであろう。

カントは矛盾律と充足根拠律に基づくドイツ啓蒙主義の形而上学を根本的に批判することで合理性の意味に大きな変更を加えた。一言でいえば、矛盾律を存在論の原理から形式論理の原理に格下げし、感性を悟性と並ぶ認識形式として位置づけた上で、充足根拠律を「可能的経験」の形式的原理とする超越論哲学を確立したのである。しかしそれによって「蓋然性の論理学」は否定的に評価された。なぜなら超越論哲学においては、論理学は思考の形式的規準を意味するカノンとみなされたのに対し、「蓋然性の論理学」は思考の規則を具体的な対象に適用し認識を構成するオルガノンを意味したからである。また本来蓋然性は数学において十分な根拠との比較によってのみ規定可能であるのに対し、哲学においては不十分な根拠をもう一方の不十分な根拠と比較検討するだけで一定の評価基準を持ちえない「仮象の論理学」のみが成立可能であるからである。カントは「蓋然性の数学」を積極的に展開することはなかったが、可能性の度合いとしての蓋然性が「直観の公理」の原則に基づいて外延量として規定されることを示すことで、超越論哲学においてそれが占める場所を明らかにしたと言えるであろう。

しかし合理性に関してカントが最も重要な変更を加えたのは、知識に対する「信仰」の確実性を合理的に基礎づけたことにある。知識が主観的にも客観的にも十分な信憑であるのに対し、信仰は主観的にのみ十分な信憑である。カントはクルージウスが蓋然性の方法によって「証明」した世界の秩序の原因としての神の存在を、理論的判断の信憑である「理説的信仰」の対象として位置づけた。そして本来の「理性信仰」を実践的判断の信憑である「道徳的信仰」に見出し、その確実性を「道徳的確実性」と称し、知識の確実性に匹敵するとみなしたのである。すなわちカントはドイツ啓蒙主義哲学の「理論的合理性」に対して、「信仰に場所を得させるために知識を制限する」ことによって、「実践的合理性」を確立したと言うことができるであろう。

註

序章

（1） Ian Hacking, *The Emergence of Probability. A Philosophical Study of Early Ideas about Probability, Induction and Statistical Inference*, Cambridge, 1975, First paperback edition 1984.

（2） Blaise Pascal, *Pensées de Blaise Pascal*, Nouvelle édition, collationnée sur le manuscrit autographe et publiée avec une introduction et de notes par Léon Brunschvicg, Tome II, fragment 234, repr. Nendeln/Liechtenstein, 1976（Originally published: *Oeuvres de Blaise Pascal*, Tome XIII, Paris, 1904）, p.156.

（3） もっともProbabilityという言葉そのものがはじめて数学的な「確率」という意味で用いられるようになったのは、パスカルの死後その遺された思想を生かして一六六二年に刊行された『ポール・ロワイヤル論理学』の第四章であると言われている。I. Hacking, ibid., p.73ff.

（4） 伊藤邦武『人間的な合理性の哲学――パスカルから現代まで』勁草書房、一九九七年、九―一〇頁。

（5） 十七―十八世紀のイギリス、フランスにおける確率論の展開については以下を参照。Lorraine Daston, *Classical Probability in the Enlightenment*, Princeton, 1988. Isaac Todhunter, *A History of the Mathematical Theory of Probability: From the Time of Pascal to that of Laplace*, London, 1865, repr. Bristol, 2001.

（6） 十八世紀のドイツにおける蓋然性を巡る状況については以下を参照。Karl Heinrich Frömmichen, *Ueber die Lehre des Wahrscheinlichen und den politischen Gebrauch derselben, wobei zugleich eine Theorie des Wahrscheinlichen angezeiget wird*, Braunschweig u. Hildesheim, 1773.

（7） ヨーロッパ近世における論理学の歴史については以下を参照。Wilhelm Risse, *Die Logik der Neuzeit*, 2.Band, Stuttgart-Bad Cannstatt, 1970. William Kneale & Martha Kneale, *The Development of Logic*, Oxford, 1984, p.298ff.

（8） moralisch を「道徳的」と訳さず、原語の通り「モラーリッシュ」と表記したのは、この語がきわめて多義的に用いられ、「道徳的」という一語では到底訳しおおせない含みの多い語であるからである。S・K・クネーベルによれば、近世初期のスコラ哲学においては確実性や必然性に関して、>moralisch</>physisch</>metaphysisch<という三文法が頻繁に用いられた。しかしこの三文法は「世界を異なる事象の領域に区分すること」ではなく、「形式的で、高度に普遍化可能な識別方法」を意味し、討論や証明において「矛盾したものを回避する一つの戦略」を意味したのである（Sven K.Knebel, *Wille, Würfel und Wahrscheinlichkeit. Das System der moralischen Notwendigkeit in der Jesuitenscholastik 1550–1700*, Paradeigmata 21, Hamburg, 2000, S.127）。すなわち moralisch という語は physisch や metaphysisch と異なる対象の確実性や必然性を示すために用いられたのではなく、確実性や必然性の異なるレベルを示す語として用いられたのである。metaphysisch が付加される場合にはその反対が不可能な「絶対的必然性」が含意されるのに対し、moralisch や physisch が付加される場合にはその反対が可能な必然性が含意されている。physisch が付加される場合、その反対が意味するのは「奇蹟」のような「超自然的出来事」であり、moralisch が付加される場合、その反対が意味するのは「極端に非蓋然的な出来事」である。したがって moralisch が付加される場合にも、自然現象から区別された人間の行為の必然性が問題になっているわけではなく、physisch が付加される場合と同様に「一定の出来事の出来」を含意しているのである（S.K. Knebel, a.a.O., S.131-132）。また physische Gewißheit は moralische Gewißheit よりも高次の確実性を含意するとする解釈もある（Joachim Ritter/ Karlfried Gründer/Gottfried Gabriel（hrsg.）, *Historisches Wörterbuch der Philosophie*, Basel, 1971–2007, Bd.3., S.593）。こうした用語法をドイツ啓蒙主義哲学に導入したのはライプニッツであり、後述するようにクルージウスはこの用語法を継承していると言える。したがってライプニッツ、クルージウスの著作に関しては「モラーリッシュな必然性・確実性」と表記した。これに対してカントは moralisch を「道徳的」という意味に限定して使用しているため、「道徳的確実性」と訳した。

（9） 本書で引用したマドンナの論文は以下の六編である。以下では略称で記す。Luigi Cataldi Madonna, Wahrscheinlichkeit und wahrscheinliches Wissen in der Philosophie von Christian Wolff, in: *Studia Leibnitiana. Zeitschrift für Geschichte der Philosophie und der Wissenschaften*, Bd. XIX, 1987, S.2–40［Madonna 1987］. ders., Wissenschafts- und Wahrscheinlichkeitsauffassung bei Thomasius, in: *Christian Thomasius 1655–1728. Interpretationen zu Werk und Wirkung. Mit einer Bibliographie der neueren Thomasius-Literatur*, hrsg.v. Werner Schneiders, *Studien zum achtzehnten Jahrhundert*, hrsg.v. der Deutschen Gesellschaft für die Erforschung des achtzehnten Jahrhunderts, Bd.11, Hamburg, 1989, S.115–136［Madonna 1989］. ders., Gewißheit, Wahrscheinlichkeit und Wissenschaft in der Philosophie von Leibniz, in: *Aufklärung* 5/1, 1990, S.103–116［Madonna 1990］. ders.,Kant und der Probabilismus der Aufklärung, In: *Aufklärung* 7/1, 1992, S.25–41［Madonna 1992］. ders., Die Philosophie der Wahrscheinlichkeit von Jakob Bernoulli, in: *Veritas filia temporis? Philosophiehistorie zwischen Wahrheit und Geschichte. Festschrift für Rainer Specht zum 65.Geburtstag*, hrsg.v.Rolf W. Puster, Berlin/New York 1995, S.184–205［Madonna 1995］. ders., Theorie und Kritik der Vernunft bei Gottfried Wilhelm Leibniz, in: *Vernunftkritik und Aufklärung, Studien zur Philosophie Kants und seines Jahrhunderts*, hrsg.v. Michael Oberhausen unter Mitwirkung von Heinrich P. Delfosse und Riccardo Pozzo, Stuttgart-Bad Cannstatt, 2001, S.59–81［Madonna 2001］.

（10） Shuku Funaki, *Kants Unterscheidung zwischen Scheinbarkeit und Wahrscheinlichkeit, Studien zur Philosophie des 18. Jahrhunderts*, Hrsg.v. Norbert Hinske, Bd.8, Frankfurt am Main/Berlin/Bern/Bruxelles/New York/Oxford/Wien, 2002. 船木祝「認識の批判と拡張――カントにおける「仮象性」と「蓋然性」の区別」、カント研究会（木坂貴行・菅沢龍文・河村克俊）編『現代カント研究９　近代からの問いかけ――啓蒙と理性批判』、晃洋書房、二〇〇四年、二八－五五頁所収。

（11） Sven K. Knebel, a.a.O., Hamburg, 2000.

第１章

（１） Gottfried Wilhelm Leibniz, De incerti aestimatione, Septembr. 1678. in : *Opuscules et fragments inédits de Leibniz. Ex-*

traits des manuscrits de la Bibliothèque royale de Hanovre par Louis Couturat, Paris, 1903, Nachdruck : Hildesheim/Zürich/New York, 1988, S.569–571. Vgl. Kurt-Reinhard Biermann und Margot Faak, G.W. Leibniz, „De incerti aestimatione“ . in: *Forschungen und Fortschritte*, 31.Jahrgang, Heft2, 1957, pp.45–50.

（2） I. Hacking, ibid., pp.85–91, p.135, p.139. ライプニッツの初期法学研究と確率論との関係については以下を参照。林知宏『ライプニッツ――普遍数学の夢』〈コレクション数学史2〉佐々木力編、東京大学出版会、二〇〇三年、二二一–二二五頁。

（3） G. W. Leibniz, *Nouveaux essais sur l' entendement*（*humain*）*par l'Auteur du Systéme de l'Harmonie préétablie*, été1703-été1705, Livre IV, Chap.XVI, § 9, GP. V, S.448. タイトル中の humain はアカデミー版では記載されていないが、ブートルー版では記載されている（『人間知性新論』谷川多佳子・福島清紀・岡部英男訳、『ライプニッツ著作集4　認識論㊤』工作舎、一九九三年、二二頁）。

（4） Madonna 1990, S.105–110. Madonna 2001, S.75–81.

（5） I. Hacking, ibid., p.134ff.

（6） I. Hacking, ibid., p.138. ライプニッツ自身はこの思想を『諸事物の根本的起源について』と題する論文において以下のように述べる。「……可能的な事物のうちに、ないしは可能性あるいは本質そのもののうちに、何かある現実存在への要求、あるいは（言うなら）現実存在することへの主張があること、そして一言でいえば、本質がそれ自身で現実存在へと向かうことをまず承認しなければならない」（G. W. Leibniz, *De rerum originatione radicali*, 23 Novembr. 1697, GP. VII, S.303）。

（7） G. W. Leibniz, *Scientia Generalis. Characteristica*, XIII, GP. VII, S.194.

（8） G. W. Leibniz, *De rerum originatione radicali*, 23 Novembr. 1697, GP. VII, S.303.

（9） G. W. Leibniz, *Essais de Théodicée sur la Bonté de Dieu, la Liberté de l'Homme et l'Origine du Mal*. 1710, troisiéme partie, 414–417, GP. VI, S.362–365.

(10) G. W. Leibniz, ibid., Appendices. Abrégé de la Controverse réduite à des Argumens en forme, VIII.Objection, GP, VI, S.385-387.

(11) G. W. Leibniz, ibid., première partie, Des Essais de la Justice de Dieu, et de la liberté de l'Homme, dans l'Origine du Mal, 43, GP. VI, S.126-127.

(12) Margaret D. Wilson, Possibility, Propensity, and Chance: Some Doubts about the Hacking Thesis, in: *The Journal of Philosophy* 68, 1971, p.615.

(13) Ingetrud Pape, *Tradition und Transformation der Modalität*, erster Bd., Möglichkeit-Unmöglichkeit, Hamburg, 1966, S.132.

第二章

(1) Christian Wolff, *Deutsche Metaphysik*, § 399, WW. I, 2, S.242.

(2) C. Wolff, *Lateinische Logik*, Pars II, § 573-578, WW. II, 1. 2, S.434-437.『ラテン語論理学』の訳語に関しては以下の文献を参照した。山本道雄「クリスティアン・ヴォルフの論理学思想について――『ラテン語論理学』の概念論、判断論、真理論を中心に」、『文化學年報』第十四号、神戸大学大学院文化学研究科編、一九九五年、一〇五－一六六頁所収。

(3) C. Wolff, a.a.O., Pars III, § 1160, WW. II, 1. 3, S.813.

(4) 蓋然性の評価が十分な根拠との比較においてのみ可能であるという見解は、後に見るように十分な根拠との比較が不可能な「仮象性」を蓋然性から区別するカントの見解に継承される。本書第五章一の**1**参照。

(5) C. Wolff, a.a.O., Pars II, § 588, WW. II, 1. 2, S.440-441.

(6) C. Wolff, a.a.O., Pars II, § 593, WW. II, 1. 2, S.443.

(7) C. Wolff, *Psychologia empirica*, § 454, WW. II, 5, S.356.

(8) たとえばこの推理を「選言三段論法」で表わすならば、次のようになるであろう。

大前提「明日の天気は晴れか曇りかである。」

小前提「この十年間で晴れる確率は七〇％である。」
結論「明日は七〇％の確率で晴れるであろう。」

（9） C. Wolff, *Lateinische Logik*, Pars II, WW. II, 1. 2, S.125 u. S.385.『ドイツ語著作詳解』によれば、ヴォルフはこの区分を自らの『ドイツ語論理学』の概説書を出版した弟子のテューミッヒの区分にしたがって行なった。ただしテューミッヒが理論的部門と実践的部門とを明確に区分することに徹したのに対し、ヴォルフは後者の一部を前者と結合することで変更を加えている（C.Wolff, *Ausführliche Nachricht*, § 55, WW. I, 9, S.180–181. Ludwig Philipp Thümmig, *Institutiones philosophiae Wolfianae in usus academicos adornatae*, I, Institutiones logicae, seu philosophiae rationalis, Frankfurt u. Leipzig, 1726(2), 1725(1), WW. III, 19. 1, S.1–36)。

（10） C. Wolff, a.a.O., § 55, WW. I, 9, S.181. ただしこの説明は『ドイツ語論理学』の内容を念頭に置いている。

（11） logica theoretica と logica practica という区分（theoretica-practica）と、伝統的な logica docens と logica utens という区分（docens-utens）との異同については、以下を参照。Werner Schneiders, Praktische Logik. Zur Vernunftlehre der Aufklärug im Hinblick auf Reimarus, in: *Logik im Zeitalter der Aufklärung. Studien zur ‚Vernunftlehre' von Hermann Samuel Reimarus*, hrsg.v. Wolfgang Walter und Ludwig Borinski（= *Veröffentlichungen der Joachim Jungius-Gesellschaft der Wissenschaften* Bd.38), Göttingen, 1980, S.75–92. シュナイダースによれば、theoretica-practica という論理学の区分はトマジウス以降一般的になったが、その区分の仕方は一様ではない。logica docens は教授可能な「学」としての論理学を意味し、logica utens はそれを事例に適用する「術」としての論理学を意味する。たとえばマイアーはこれを theoretica-practica の区分と同一視している（Georg Friedrich Meier, *Auszug aus der Vernunftlehre*, § 7, Halle, 1760(2), 1752(1), S.2. Wiederabgedruckt in: *Kant's Handschriftlicher Nachlaß*, Bd. III, *Logik*, Ak.XVI, Berlin und Leipzig, 1924)。これに対しツェドラーは、docens-utens の区分が論理的規則を認識する能力と使用する能力の主観的な差異を指すのに対し、theoretica-practica の区分が教授可能な「学」としての「体系的論理学」（logica systematica）の二つの部門を指すとみなしている（Johann Heinrich Zedler（hrsg.）, *Grosses vollständiges Universal-Lexikon aller Wissenschaften und Künste*, *welche bißhero durch menschlichen Verstand und Witz erfunden und verbessert worden.*［…］. 64Bde., Halle u. Leibzig, 1732–1750, u. 4Ergänzungsbde., 1751–1754, Nachdruck: Graz, 1961–1964, Bd.18, S.260–272）。ツェドラーによれば、logica practica は論理的規則を適用するたんなる「術」なのではなく、その適用の可能性を「説明し証明する理論」なのである。ヴォルフにおいては両者の区分の仕方は意識的に区別されておらず、theoretica-practica という区分をテューミッヒにしたがって受け入れつつも、これを伝統的な docens-utens という区分とは異なる新たな区分の仕方として基礎づけるまでには至らなかったと言えるであろう。

（12） C. Wolff, *Lateinische Logik*, Pars II, § 10, WW. II, 1. 2, S.112. ヴォルフは logica docens と logica utens という区分とは別に、logica naturalis と logica artificialis という区分をしている。前者は人間の精神のうちにある「自然的性向」（naturalis dispositio）から獲得・形成された論理学であるから、「自然的論理学」と訳してよいであろう。しかし後者は人為的に形成された論理学ではなく、自然的論理学では論理学の規則について「混雑した知識」しかなかったのに対して、同一の規則について「判明な知識」を持つに至るまで高めたところに成立する論理学なので、「判明な論理学」という訳語を当てた（Vgl.,C. Wolff, a.a.O., Pars II, § 5–10, WW. II, 1. 2, S.108–112）。

（13） 本書第五章一の**3**参照。

（14） Madonna 1987, S.18, S.29 Anm.　ヴォルフは二つの意味を認めた上で両者を区別する点で、「蓋然性」の数学的な意味を認めなかったトマジウスやリュディガーらの反ヴォルフ学派とは異なる。マドンナによれば、後にヒュームがこの区別を採用するまで、同時代において二つの意味を明確に区別しているのはヴォルフだけである。Vgl. David Hume, *A Treatise of Human Nature*, Book1, Part3, Sect.11, 12, 1739(1), in: *The Clarendon Edition of the Works of David Hume*, A critical edition, ed. by David Fate Norton, Mary J. Norton, Vol.1: Texts, Oxford, 2007, p.86ff.

（15） C. Wolff, Von dem Nutzen der Erkenntnis der Natur, in der Erkenntnis Gottes und der Herrschaft über die Creaturen, in: *Gesammelte kleine philosophische Schriften* III, 1737, WW. I, 21. 3, S.330–331.

（16） C. Wolff, *Lateinische Logik*, Pars II, § 606, WW. II, 1. 2, S.448.

(17) C. Wolff, a.a.O., Pars I, *Discursus praeliminaris de philosophia in genere*（本文中では『哲学序説』と表記）, § 126, WW. II, 1.1, S.60.

(18) C. Wolff, a.a.O., Pars II, § 610, WW. II, 1. 2, S.450.

(19) C. Wolff, a.a.O., Pars II, § 610, WW. II, 1. 2, S.450.

(20) C. Wolff, a.a.O., Pars II, § 88, WW. II, 1. 2, S.158-159.

(21) C. Wolff, a.a.O., Pars II, § 593, WW. II, 1. 2, S.443.

(22) C. Wolff, *Ontologia*, Praefatio, WW. II, 3, S.13-14.

(23) 経験心理学との関係に関しては、『ドイツ語形而上学』で、「蓋然性」を評価する術を確立するためには「機知」（Witz）と「悟性」（Verstand）が必要であると言われる。前者は「類似性を容易に知覚する能力」であり、後者は「可能的なものを判明に表象する能力」である。Vgl. C. Wolff, *Deutsche Metaphysik*, § 277, 366, 402, WW. I, 2, S.153, 223, 245-246.

(24) C. Wolff, *Lateinische Logik*, Pars I, § 74, WW. II, 1. 1, S.35.

(25) Madonna 1987, S.28. Hans Werner Arndt, *Methodo scientifica pertractatum. Mos geometricus und Kalkülbegriff in der philosophischen Theorienbildung des 17. und 18. Jahrhunderts*, Berlin/New York 1971, S.145.

(26) C. Wolff, *Anmerkungen zur deutschen Metaphysik*, § 6, WW. I, 3, S.12-13. ders., *Cosmologia*, § 111, WW. II, 4, S.99.

(27) C. Wolff, *Ontologia*, § 133, WW. II, 3, S.115.

(28) 「内的な可能性」において「可能性の度合い」に差異が認められるという解釈については以下の文献を参照。Hans-Werner Arndt, *Der Möglichkeitsbegriff bei Christian Wolff und Johann Heinrich Lambert*, Dissertation zur Erlangung des Doktorgrades der Philosophischen Fakultät der Georg-August-Universität zu Göttingen, Göttingen, 1959, S.179ff. アルントはヴォルフの「存在するものあるいは現実的なものはいかなるものであれ、全的に規定されている」（C. Wolff, a.a.O., § 226, WW. II, 3, S.187）という命題を取り上げ、「全的に規定されているもの」と「まだ未規定であるもの」との間に

は「存在する可能性の度合い」において差異がある、という解釈を提示する。確かに両者の間には「完全性の度合い」において差異があり、「全的に規定されること」が存在の可能性の条件であることには間違いないが、「まだ未規定であるもの」が「存在する可能性の度合いが低いもの」ではなく、「まだ存在する可能性を持たないもの」であれば、そこに「存在する可能性の度合い」の差異を読み取るのは困難である。この点は本書第一章二ですでにライプニッツについて言及した通りである。

(29) C. Wolff, a.a.O., § 176–177, WW. II, 3, S.144–146.

(30) C. Wolff, a.a.O., § 302, § 316–320, WW. II, 3, S.241, 248–252. Vgl., ders., *Deutsche Metaphysik*, § 575, WW. I, 2, S.352–354.

(31) C. Wolff, *Cosmologia*, § 114, WW. II, 4, S.101.

(32) C. Wolff, *Anmerkungen zur deutschen Metaphysik*, § 6, WW. I, 3, S.13.

(33) C. Wolff, *Cosmologia*, § 101, WW. II, 4, S.92.

(34) C. Wolff, *Deutsche Metaphysik*, § 982, WW. I, 2, S.604.

(35) I. Pape, a.a.O., S.187.

(36) C. Wolff, a.a.O., § 701, WW. I, 2, S.436.

(37) 後述するようにクルージウスは、ヴォルフの仮定的必然性は「系列的必然性」であり、絶対的必然性に転じる必然性であると批判している。本書第四章二の**4**参照。

(38) Madonna 1987, S.27. マドンナによれば、ヴォルフが「蓋然性の論理学」に対して懐疑的である理由にはこうした存在論的な基礎づけの困難さに加えて、等可能性の原則の経験的妥当性の問題がある（Madonna 1987, S.28)。たとえば合格点が六十点の試験の合格率を推理する場合、ある人は「可も不可も等可能的である」と考えて五〇％と推理するかもしれないが、別の人は零点から百点までを十等分し、学生の得点が「どの得点間隔に入る可能性も等しい」と考えて四〇％と推理するかもしれない。つまり等可能性の原理がいかなる経験的事実に適用されるかによって異なった結果が導出されるのである。Vgl. C. Wolff, *Lateinische Logik*, Pars II, § 578, WW. II, 1.2, S.437.

(39) C. Wolff, a.a.O., Pars I, § 125, WW. II, 1. 1, S.60.
(40) C. Wolff, a.a.O., Pars I, § 126, WW. II, 1. 1, S.60.
(41) C. Wolff, a.a.O., Pars II, § 606, WW. II, 1. 2, S.448.
(42) C. Wolff, a.a.O., Pars I, § 127, WW. II, 1. 1, S.61.
(43) C. Wolff, a.a.O., Pars I, § 127, WW. II, 1. 1, S.61.
(44) C. Wolff, a.a.O., Pars I, § 128, WW. II, 1. 1, S.62.
(45) C. Wolff, a.a.O., Pars II, § 498, 544, 554, 562, WW. II, 1. 2, S.379, 409, 422, 428.
(46) H. W. Arndt, Rationalismus und Empirismus in der Erkenntnislehre Christian Wolffs, in: *Christian Wolff 1679–1754. Interpretationen zu seiner Philosophie und deren Wirkung. Mit einer Bibliographie der Wolff-Literatur*, hrsg.v. Werner Schneiders, *Studien zum achtzehnten Jahrhundert*, hrsg.v. der Deutschen Gesellschaft für die Erforschung des achtzehnten Jahrhunderts, Bd.4, Hamburg, 1983, S.32.
(47) C. Wolff, a.a.O., Pars II, § 517, WW. II, 1. 2, S.394.
(48) C. Wolff, a.a.O., Pars II, § 575, WW. II, 1. 2, S.436.
(49) C. Wolff, a.a.O., Pars II, § 516, WW. II, 1. 2, S.394.
(50) C. Wolff, a.a.O., Pars II, § 517, WW. II, 1. 2, S.395.
(51) H. W. Arndt, a.a.O., S.36.
(52) C. Wolff, a.a.O., Pars II, § 517, WW. II, 1. 2, S.395.
(53) Madonna 1987, S.34.
(54) D. Hume, a.a.O., p.86.
(55) 本書第四章二の**2**参照。
(56) Madonna 1987, S.38.

(57) C. Wolff, a.a.O., Pars I, § 26, WW. II, 1. 1, S.12.

(58) C. Wolff, a.a.O., Pars I, § 26, WW. II, 1. 1, S.12.

(59) C. Wolff, a.a.O., Pars III, § 1232, WW. II, 1. 3, S.864.

(60) Madonna 1987, S.39.

■第三章

(1) わが国ではこれまでランベルトの思想はカント哲学との影響関係において顧みられる程度であり、ランベルトそのものの本格的な研究としては以下の二編の論文を挙げることができるのみである。中島義道「ランベルトの現象学」、廣松渉・坂部恵・加藤尚武編『講座ドイツ観念論　第一巻　ドイツ観念論前史』、弘文堂、一九九〇年、二五七－二八八頁所収。山本道雄「ランベルトの夢――「完全な調和」」、山本道雄『カントとその時代――ドイツ啓蒙思想の一潮流』〔改訂増補版〕、晃洋書房、二〇一〇年、三〇六－三四一頁所収。『文化學年報』第十八号、神戸大学大学院文化学研究科編、一九九九年、一－六五頁初出。本章の執筆に際してはこれらの論文から多くの示唆を受けたが、蓋然性の概念に関する研究はランベルトが『新オルガノン』でこの概念について百頁以上の紙数を費やして論じているにもかかわらず皆無に等しい。本章の意図はこの部分の理解の一助となることにある。

(2) Phänomenologie の訳語は「現象学」が一般的であるが、ランベルトにおいては、今日この名称で呼ばれている「現象に関する学」ではなく、「仮象に関する学」もしくは「真理と仮象を区別する学」を意味しているので、「仮象論」と訳す。

(3) Giorgio Tonelli, *Kant's Critique of pure reason within the tradition of modern logic. A Commentary on its History*, Edited from the Unpublished Works of Giorgio Tonelli by David H. Chandler, *Studien und Materialien zur Geschichte der Philosophie*, Bd.37, Hildesheim/Zürich/ New York, 1994, p.161.

(4) 山本、前掲書、三一二頁以下。

（5） H. W. Arndt, *Herausgebers Einleitung zum Lamberts Neues Organon*, LP. I, 1965, S.XII-XIV.

（6） 山本氏によれば、「思考法則論」がランベルトのオルガノンのシンタックス、「真理論」がセマンティクスに相当するのに対し、「記号論」と「仮象論」は一種のプラグマティクスに相当する。山本、前掲書、三一二頁。

（7） ランベルトは第一部「思考法則論」第二八七節で「帰納法」の演繹的説明を試みている。もしあるクラスや種に属しているあらゆる事物や場合において、ある性質を見出すことによって、クラスや類概念についてこの性質を肯定するように導かれるとすれば、「クラスあるいは類のある性質を帰納によって見出す」（LP. I, S.184）と称される。帰納が完全であるやいなや、あるいはクラスもしくは類AがC，D，E，F……Mのどの場合においても見出されることを確信するやいなや、性質BがC，D，E，F……M以外のいかなる場合もその下に含んでおらず、この事態が生じていることは争う余地がない。この営みはCaspidaの推理形式で表わすことができる。すなわち、

Sowohl C als D,E,F…M sind alle B.

Nun aber A ist entweder C oder D, oder E, oder F…oder M.

Folglich alle A sind B.

このようにランベルトは帰納法における枚挙を、三段論法の小前提に選言的述語を導入することによって演繹的に説明している。しかしランベルトによれば選言的述語を媒概念とする小前提は多くの場合完全化が困難であり、したがって完全な帰納もきわめて少数である。また特殊から普遍を推理することは多くの場合不完全であり、有用ではない。また完全な帰納も、類概念から直接結論が導出されることによって回避される。いずれにしてもランベルトは帰納法を不完全な推理として過小評価していると言える。

（8） ランベルトはこの推理において大前提・小前提・結論のいずれの命題も全称命題とみなしているが、全称命題の換位は「限量換位」のみが可能であるから、換位された前提は特称命題となるはずであり、したがって結論も全称命題とはなりえないであろう。

（9） Günter Schenk, *Appendix zum J. H. Lamberts Neues Organon oder Gedanken über die Erforschung und Bezeichnung des*

Wahren und dessen Unterscheidung vom Irrtum und Schein, herausgegeben,bearbeitet und mit einem Anhang versehen von Günter Schenk, Berlin, 1990, S.1008.

（10） Glenn Shafer, Non-Additive Probabilities in the Work of Bernoulli and Lambert, in: *Archive for History of Exact Sciences* Vol.19, 1978, pp.309-370.

（11） *Immanuel Kant's Logik. Ein Handbuch zu Vorlesungen*, hrsg.v. Gottlob Benjamin Jäsche, 1800, Ak. IX, Berlin, 1923, S.82. numeriren は今日の表記法では numerieren であるが、カントの表記法を採用した。訳語は邦訳（湯浅正彦・井上義彦訳『カント全集17　論理学・教育学』岩波書店、二〇〇一年、一－二〇八頁）を参照したが、旧訳（田邊重三訳、一九二九年）では numeriren は「枚挙する」、ponderiren は「考量する」となっている。なお『羅独－独羅学術語彙事典』（*ONOMASTICON PHILOSOPHICUM*. Latinoteutonicum et Teutonicolatinum, 麻生健・黒崎政男・小田部胤久・山内志朗編、哲学書房、一九八九年）によれば、ラテン語の ponderare に対応するドイツ語は erwägen でヴォルフやバウムガルテンに用例が見出される。

（12） 伊藤邦武氏によれば論拠や経験の「重み」を確率の中に組み込むという着想はコンドルセの「信頼性の根拠」（motif de crédibilité）の分析において萌芽的に展開され、ヒュームの「原因に基づく蓋然性」の分析にも見出される。のちにケインズはこれを「推論の重み」（the weight of argument）という概念によって復活させようとした。たとえばある薬物の服用が八回のうち七回の割合で鎮痛効果を持つという信念は、その信念の証拠が八十回の経験に基づく場合と、八百回の場合とでは信念を形成する論拠の重みは違うであろう。伊藤邦武『偶然の宇宙』〈双書　現代の哲学〉、岩波書店、二〇〇二年、五九－六〇頁。

（13） G.Shafer, ibid., p.356. なおこの規則の証明は通常「否定二前提の誤謬」もしくは「大名辞不当周延の誤謬」によって行なわれる。この推理では大前提と小前提がいずれも否定命題になっているが、そうすると大名辞Bの外延のどの部分かが中名辞Aの外延の外にあり、また小名辞Cの外延のどの部分かが中名辞Aの外延の外にある、ということが言えるだけであって、大名辞と小名辞の外延に何らかの関係があるとは言えない。したがって「否定二前提の誤謬」により、結論は得られない、ということになる（木村慎哉・常俊宗三郎・安井惣二郎・山本道雄・吉田六弥『論理学』〈哲学叢書〉晃洋書房、一九九九年、二一四－二一六頁）。

（14） G.Shafer, ibid., p.357.

（15） ランベルトは第一格以外の推理形式でも結論において未規定の部分が生じることを「仮象論」第二〇二－二一一節において考察している。詳細は省略するが、前提の繋辞に分数が伴う場合には結論の蓋然性は第一格と同じ規則によって規定されるが、媒概念に分数が伴う場合には各々の格の異なる規則によって蓋然性が規定される。

（16） ヘールパリンによればこのような試みを行なった数学者（哲学者）にはボルツァーノ、ドゥ・モーガン、ブール、マコールらがいる。Cf. Theodore Hailperin, The Development of Probability Logic from Leibniz to MacColl, in: *History and Philosophy of Logic*, 9, 1988, pp.131-191.

（17） Madonna 1995, S.197. この「普遍数学」（mathesis universalis）とは、純粋な「数値化」から区別されていることから、位置解析や論理学にまで拡張されたライプニッツの「普遍数学」の構想を念頭においているとみなされる。

（18） 確率の解釈に関する主要な学説については以下を参照。内井惣七『科学哲学入門——科学の方法・科学の目的』世界思想社、一九九五年、一九〇－二一四頁。

（19） John Maynard Keynes, *A Treatise on Probability*, in: *The Collected Writings of J.M. Keynes*, Vol. VIII, London/Basingstoke, 1973 (1.edition 1921), p.33.

（20） J.M.Keynes, ibid., pp.38-39. なおケインズのこのような蓋然性の解釈は「主観説」の立場に立つラムジーによって批判されている。この批判については以下を参照。伊藤邦武『人間的な合理性の哲学——パスカルから現代まで』勁草書房、一九九七年、一四三－一五二頁。

（21） G.Shafer, ibid., pp.364-365. シェーファーによればこの理論の構想はブールの『思考の法則』（一八五四年）に最初に見出され、クープマン（一九四〇年）によって「確率の上限・下限」（upper and lower numerical probabilities）という言葉で表現され、一九六〇年代にはデンプスターらによってさらに展開された。

（22） I. Kant, a.a.O., Ak. IX, S.82.

（23） シェーファーによれば、蓋然性の意味の最も基本的な区分は物理的現象の頻度という「物理的」（aleatory）な意味と、証言や信念の信憑性の度合いという「認識論的」（epistemic）な意味との区分であるが、後者を前者から区別する試金石が「組合せ」である。なぜなら客観的な蓋然性においては偶然的な出来事に対応するのはただ一つの蓋然性であり、複数の蓋然性の組合せは問題とならないが、認識論的な蓋然性においてはある命題を支持（反対）する複数の論拠があり、全体の蓋然性はこれらの論拠の蓋然性の組合せによって得られるからである（G. Shafer, ibid., p.332）。「組合せ」は本来数学に由来する概念であるが、ベルヌーイやランベルトの「組合せ」理論は、「普遍数学」を論理学にまで拡張しようとしたライプニッツの試みの延長上に展開された理論と言えるであろう。異種的な論拠の組合せの問題が十九世紀のフランスでは陪審員制度における証言の評価の問題として考察されたことについては以下を参照。I. Hacking, *The Taming of Chance*, Ideas in Context 17, Cambridge, 1990, p.88.

（24） 本章二の4において明らかになったように、ランベルトはここでの議論に先立つ「仮象論」第一九二―一九三節で、蓋然的な推理において真偽が未規定の部分が生じることを三段論法の推理形式にしたがって説明している。ランベルトがここで証人の信憑性に真偽が不明の要素を認めたことはこうした議論に対応している。

（25） I. Todhunter, ibid., pp.70–71.

（26） G. Shafer, A Theory of Statistical Evidence, in: Harper and Hooker（eds.）, *Foundations of Probability Theory, Statistical Inference, and Statistical Theories of Science*, Vol. II, Dordrecht-Holland, 1976, p.430.

（27） I. Hacking, Combined Evidence, in: S. Stenlund（ed.）, *Logical Theory and Semantic Analysis, Essays Dedicated to Stig Kanger on His Fiftieth Birthday*, Dordrecht- Holland, 1974, pp.113–123.

（28） I. Hacking, ibid., pp.121–122.

（29） I. Hacking, ibid., pp.120–121. しかしベルヌーイの証書の日付の真偽の例にしたがえば、証人に関する情報が不完全でも論拠の独立性が維持される場合があるのではないだろうか。すなわち証人の名誉や地位は日付が真であることの

「純粋な論拠」である。名誉や地位を重んじない証人でもそれが直ちに偽造する理由となるわけではないからである。また偽造によって得られる利益は、ベルヌーイにしたがえば偽であることの「純粋な論拠」である。職務に忠実な証人は多額の報酬を理由に真の日付を記載するわけではないからである。これらの論拠は証人についてこれ以上の情報がない場合には認識論的に独立しており、一方が他方の蓋然性を減じることはないだろう。

(30) 伊藤邦武、前掲書、二八九頁。

(31) G. Shafer, Bayes's Two Arguments for the Rule of Conditioning, in: *The Annals of Statistics*, Vol.10, No.4, 1982, p.1086.

(32) 伊藤邦武、前掲書、七二―一〇二頁。

(33) G. Shafer, *A Mathematical Theory of Evidence*, Princeton, 1976. Arthur P. Dempster, Upper and lower probabilities induced by a multivalued mapping, in: *Annals of Mathematical Statistics*, Vol.38, 1967, pp.325-339. シェーファーやデンプスターの公式においては対立する論拠の組合せはすべてはじめから除外されている。

(34) ハッキングはベイズの定理を次のような公式で表わしている（I. Hacking, *An Introduction to Probability and Inductive Logic*, Cambridge, 2001, pp.70-71）。

$$Pr(H_j/E) = \frac{Pr(Hj)\,Pr(E/Hj)}{\Sigma[(Pr(Hi)\,Pr(E/Hi))]}$$

Prは確率、Hは仮説、Eは新しい証拠を意味する。Hiは競合する諸仮説、Hjはその確率が問われているHiの中のある仮説、Σは総計を意味する。またPr(Hj)はHjの事前確率、Pr(Hj/E)は証拠Eを条件とするHjの事後確率、Pr(E/Hj)は仮説Hjを条件とする証拠Eの確率（尤度）を意味する。

(35) G. Shafer, ibid., pp.25-26. シェーファーは新しい証拠を「蓋然的な証拠」とみなすジェフリーの理論（Richard Jeffrey, *The Logic of Decision*, Chicago, 2nd edition, 1983）も、信念の改訂をはじめから前提している点で新旧の論拠を完全に対称的には扱っていないとみなしている。

（36） C. Wolff, *Lateinische Logik*, Pars II, § 593, WW. II, 1. 2, S.443. ders., *Ontologia*, Praefatio, WW. II, 3, S.13-14.

（37） C. Wolff, *Anmerkungen zur deutschen Metaphysik*, § 6, WW. I, 3, S.12-13. Vgl. ders., *Cosmologia*, § 111, WW. II, 4, S.99.

（38） ウンベルト・エーコ『完全言語の探求』上村忠男・廣石正和訳〈叢書ヨーロッパ〉平凡社、一九九五年、九一－一一五頁。

（39） ジョン・ノイバウアー『アルス・コンビナトリア――象徴主義と記号論理学』原研二訳、ありな書房、一九九九年、三三－三四頁。

（40） G. W. Leibniz, *Dissertatio de Arte Combinatoria, in qua ex Arithmeticae fundamentis Complicationum ac Transpositionum Doctrina novis praeceptis exstruitur, et usus ambarum per universum scientiarum orbem ostenditur ; nova etiam Artis Meditandi seu Logicae Inventionis semina sparguntur.* [...], 1666. GP. IV, S.61.

（41） 山本、前掲書、三二八頁。山本氏によれば、ランベルトの哲学は三層構造を成している。すなわち発見の論理学としての結合法と存在論の基底部に「結合法の形而上学」が存在しているのである。

（42） Sonia Carboncini, *Transzendentale Wahrheit und Traum: Christian Wolffs Antwort auf die Herausforderung durch den Cartesianischen Zweifel, Forschungen und Materialien zur deutschen Aufklärung*（以下 FMDA と記す）: Abt. II, Bd.5, Stuttgart-Bad Cannstatt, 1991, S.225.

（43） Pierre-Simon Laplace, *Essai Philosophique sur les Probabilités*, in: *Les Maîtres de la pensée scientifique*, Collection de Mémoires et Ouvrages, Publiée par les soins de Maurice SOLOVINE, Vol. I, Paris, 1921, p.3.

（44） P. S. Laplace, ibid., p.6.

（45） ラプラス『確率の哲学的試論』内井惣七訳（解説）〈岩波文庫〉、一九九七年、二一五－二一七頁。

（46） ランベルトの哲学とカントの哲学の関係については諸説があるが、その最も顕著な差異は結合法に対するスタンスの違いにある。カントは結合法に対して前批判期以来終始否定的な態度を表明している。たとえば一七六四年の『自然神学と道徳の諸原則の判明性』では、哲学においては「分解不可能」であるが故に「定義不可能」である概念が無数にあるが、結合法の支持者たちはこれらの概念をわずかの単純概念に「完全に分析可能」であるかのごとく扱っており、古代の自然学者が自然の物質を四元素に還元したのと同じ誤りを犯していると批判している。I. Kant, *Untersuchung über die Deutlichkeit*, Ak. II, Berlin, 1905/12, S.280. Vgl. ders., *Principiorum primorum cognitionis metaphysicae nova dilucidatio*, [...], Sectio I. De principio contradictionis, 1755, Ak. I, Berlin, 1902/10, S.389-390.

第四章

（1）トマジウスの哲学における蓋然性についてはMadonna 1989を参照。

（2）Sonia Carboncini, Christian August Crusius und die Leibniz-Wolffsche Philosophie, in: *Beiträge zur Wirkungs- Rezeptionsgeschichte von Gottfried Wilhelm Leibniz*, hrsg.v. Albert Heinekamp（*Studia Leibnitiana Suppl.* XXVI）, Stuttgart, 1986, S.114.

（3）代表的なデザイン論証批判としてヒュームが『自然宗教に関する対話』において展開した批判がある（David Hume, *Dialogues concerning Natural Religion*, 1779）。ヒュームによれば、デザイン論証は建築家と家の関係を神と宇宙に投影する神人同形同性論であるが、こうした類比は多くの不一致点を無視しており、類似の原因を憶測し、想定しているだけであるから、建築家が家を造ったことと神が宇宙を創造したこととを同じように類比できない。また経験的な事実や類似の事例から少しでも離れると、それに比例して証拠が減少するので、きわめて弱い類比でしかない（日本イギリス哲学会編『イギリス哲学・思想事典』二〇〇七年、「デザイン論証」の項）。

（4）ＩＤ（インテリジェント・デザイン）理論の基礎を構築した数学者ウィリアム・デムスキーは、同理論の主張を次のように要約している。「自然は、方向づけのない物質的なプロセス（偶然と必然）よりも、知的原因の産物（デザイン）だとして最もよく説明されるパターンを示している」（William A.Dembski & Sean McDowell, *Understanding Intelligent Design: Everything You Need to Know in Plain Language*, Oregon, 2008, p.26. 渡辺久義・原田正『ダーウィニズム１５０年の偽装――唯物論文化の崩壊と進行するＩＤ科学革命』アートヴィレッジ、二〇〇九年、一八二頁）。

（5）『形而上学』第十五節では、矛盾律は「いかなるものもあると同時にないことはできない」、不可分離律は「互いに他方なしに思惟されえないものは、他方なしに存在しえない」、不可結合律は「互いに結合されて思惟されえないものは、たがいに結合されて存在しえない」と表現されている。

（6）クルージウスの『論理学』は彼の師であるA・F・ホフマンの『論理学』（Adolf Friedrich Hoffmann, *Vernunft=Lehre, Darinnen die Kennzeichen des Wahren und Falschen Aus den Gesetzen des menschlichen Verstandes hergeleitet werden*, Leipzig, 1737）の強い影響下で成立し、多くの学説を共有しているが相違点もある。ホフマンの『論理学』においては従来通り「蓋然性」の問題は「実践的部門」で扱われている（A.F.Hoffmann, a.a.O., 2.Teil, 8.Cap., S.1075ff.　ホフマンのテキストはDietrich Scheglmann Reprintverlag のＣＤ―ＲＯＭ版を使用した）。

（7）「理論的部門」では蓋然性についての一般的な理論が展開されるのに対し、クルージウスが「実践的部門」で扱っている蓋然性は、「歴史的蓋然性」や「解釈学的蓋然性」といったより特殊な対象に適用された蓋然性である（CP. III, S.1041ff.）。現在の解釈学においては、トマジウス以降の解釈学的蓋然性の理論の展開をシュライエルマッハーの先駆的業績として評価する見解もある。Carlos Spoerhase, Die „mittelstrasse“ zwischen Skeptizismus und Dogmatismus: Konzeptionen hermeneutischer Wahrscheinlichkeit um 1750. in: *Unsicheres Wissen. Skeptizismus und Wahrscheinlichkeit 1550–1850*, hrsg. v.C.Spoerhase, Dirk Werle, Markus Wild, Berlin/New York, 2009, S.269–300. Werner Alexander, Pluraque credimus, paucissima scimus. Zur Diskussion über philosophische und hermeneutische Wahrscheinlichkeit in der ersten Hälfte des 18.Jahrhunderts. in: *Archiv für Geschichte der Philosophie* 78.Bd., 1996, S.130–165.

（8）クルージウスは『形而上学』第十五節で「これら最高の根拠（＝理性の最高三原則〔筆者〕）から、……すべての真理の認識が、つまり論証的真理や蓋然的真理が導出される」（CP. II, S.27）、また『論理学』第四二一節で「蓋然性の認識方法は最高原則に源を発する推理規則の特殊な適用に他ならない」（CP. III, S.753）とも述べている。

（9）これらの規則は『論理学』第八章第一部でクルージウスが論証的推理方式と蓋然的推理方式に共通する推理規則として提示した四十六個の推理規則のうち、二番目と八番目の規則である（CP. III, S.494, S.497）。

(10) A.F.Hoffmann, a.a.O., 2.Teil, 8.Cap., § 91, S.1133. クルージウスは異なる仮定に基づく意見を比較する場合、どちらがより蓋然的かを決定する規則として「いかなる仮定もその証明根拠が実例において適用する範囲を越えて妥当することはない」(CP. III, S.724)、「希少性の仮定はその本性上他の仮定よりも弱い」、「発現しない原因の仮定は措定された原因において発現しない力の仮定よりも弱い」(CP. III, S.725-726) などの規則を挙げている。

(11) ホフマンの『論理学』においても、蓋然性の根拠の数が無数である場合「計り知れないほどの大きさの蓋然性」が成立すると述べられている (A.F.Hoffmann, a.a.O., 2.Teil, 9.Cap., § 38, S.1177)。しかしこの蓋然性が形而上学に適用可能であるという主張は見られない。

(12) この証明は形式的には「選言三段論法」にしたがっている。

大前提「世界の秩序と合法則性は思慮のある原因(神)によって形成されたか、偶然生じたかである。」

小前提「後者は非蓋然的である。」

結論「故に世界の秩序と合法則性を思慮のある原因(神)に帰することが蓋然的である。」

クルージウス自身蓋然性の方法の基礎には「選言的推理」があることを指摘している (CP. III, S.651)。ここでクルージウスは世界の秩序と合法則性が思慮のある原因(神)に帰せられることをその反対の「非蓋然性」を示すことによって証明することを試みており、いわゆる「帰謬法」を用いている。帰謬法は本来ある命題の反対の「不可能性」によってその命題の真理を証明する方法であるが、反対の「非蓋然性」においてはすべての秩序と合法則性を偶然に帰することの不可能性が証明されたわけではないので、完全に不可能であることを証明するためには残りの選択肢をなお消去し続けなければならない。したがってクルージウスの証明は「論証的」ではなく、むしろ論証を目標とした「弁証法的過程」ともみなされるであろう。C.Spoerhase, a.a.O., S.287-288.

(13) マイケル・ルース『ダーウィンとデザイン——進化に目的はあるのか?』佐倉統・土明文・矢島壮平訳、共立出版、二〇〇八年、四二頁。同書ではこうした方法がヒュームの批判に対してデザイン論証を擁護したウィリアム・ペイリー(一七四三―一八〇五)によって採用されたことが指摘されている。

（14）帰納的推理とアブダクションの相違点については以下の文献を参照した。米盛裕二『アブダクション——仮説と発見の論理』勁草書房、二〇〇七年、八一頁以下。

（15）August Friedrich Müller, *Einleitung in die philosophischen Wissenschaften, Anderer Theil, welcher die Metaphysic, Ethic, und Politic in sich enthält.* Leipzig, 1733(2),1728(1), Die Metaphysic oder Natürliche Theologie, Cap.11. Von der existenz gottes. in: *THOMASIANI. Materialien und Dokumente zu Christian Thomasius*, hrsg.v.Werner Schneiders unter Mitarbeit von Kay Zenker, Bd.3, Teil 2. 1, Hildesheim/ Zürich/New York, 2008, S.277ff.

（16）クルージウスはこの箇所で『形而上学』第二〇七節を指示しており、第二〇七節では論証の確実性と無限の蓋然性による確実性が等価であると述べられている（CP. II, S.357）。

（17）蓋然性の方法が論証の方法と同等の確実性に到達可能であるとするクルージウスの見解は彼の懐疑主義批判（CP. III, S.757ff.）にも通じる。クルージウスは「蓋然性に満足しようとしないで偽りの懐疑に耽ることは最も愚かなことである」（CP. IV.1, S.242）とも述べている。なぜならわれわれはすべてのものを論証の方法によって認識できるわけではないが、「最も多くのものが、そして実在的な概念の設立がそれに依存するが故に、最も有益でもあるものがモラーリッシュな確実性を伴って、蓋然性の方法によって認識される」（CP. III, S.792）からである。

（18）Madonna 1990, S.114. なおランベルトは「モラーリッシュな確実性」を「幾何学的確実性」(geometrische Gewißheit)に対置し、両者をその起源によって区別する。すなわち前者が「感覚」（Empfindung）や「伝聞」（Nachricht）に由来するのに対し、後者は「論証」（Demonstration）に由来する。しかしこのことはモラーリッシュな確実性が完全性（＝1）を持つことを妨げるものではない。その限りにおいてモラーリッシュな確実性は幾何学的確実性から「たんに種類において」区別されているとも言えるであろう。しかし推理形式に着目すれば、論証は「最も厳密な意味でのア・プリオリな諸学問」において「あらゆる明晰さと秩序と完全性」を有するのであり、たんなる（帰納的な）推理の積み重ねとは本質的に異なるのである（LP. II, S.418-419）。感覚や伝聞に由来するモラーリッシュな確実性はあくまで「個人的」（individual）な確実性に留まる（LP. II, S.406）。またランベルトは「狭義のモラーリッシュな確実性」として人間の意志や行為に関わる「道徳的確実性」を挙げている（LP. II, S.410–411）。

(19) Christian Wolff, *Horae subsecivae Marburgenses Anni MDCCXXX, quibus Philosophia ad publicam privatamque utilitatem aptatur*, trimestre brumale, Frankfurt u. Leipzig 1731–2, III. De Methodo existentiam Dei ex Ordine Naturae demonstrandi, § 1ff., WW. II, 34. 2, S.660ff. Vgl. Anton Bissinger, *Die Struktur der Gotteserkenntnis. Studien zur Philosophie Christian Wolffs*, in: *Abhandlungen zur Philosophie, Psychologie und Pädagogik*, Bd.63, Bonn, 1970, S.255–259.

(20) C. Wolff, a.a.O., § 3, WW. II, 34. 2, S.672.

(21) C. Wolff, a.a.O., § 4, WW. II, 34. 2, S.674.

(22) C. Wolff, *Cosmologia*, § 182, WW. II, 4, S.146.

(23) C. Wolff, a.a.O., § 204, WW. II, 4, S.157.

(24) M・クリーガーによれば、ヴォルフはそれまでのラテン語著作において伝統的な目的論的証明に対して一貫して批判的な態度を示していたが、最終的に『マールブルク時間外講義』において「目的論的原理の改定」に到達することで肯定的な態度を表明している。Martin Krieger, *Geist, Welt und Gott bei Christian August Crusius. Erkenntnistheoretisch-psychologische, kosmologische und religionsphilosophische Perspektiven im Kontrast zum Wolffschen System*. in: *Epistemata Würzburger wissenschaftliche Schriften*, Reihe Philosophie, Bd.126, Würzburg, 1993, S.286–287.

(25)『根拠律論文』第三九節でクルージウスは根拠について、「記憶のために」次頁の概念図を図示している（CP. IV.1, S.248）。

(26) 山本、前掲書、二六一頁。山本道雄「カントはなぜクルージウスを理解できなかったか――分析判断と総合判断」、神戸大学文学部「紀要」第二十三号、一九九六年初出、四五頁。

(27) カントは一七五五年の『形而上学的認識の第一原理』において、クルージウスの自由論を「均衡中立」の自由論と解釈しこれを論駁することを試みている（I. Kant, *Principiorum primorum cognitionis metaphysicae nova dilucidatio*, […], Sectio II. De principio rationis determinantis, vulgo sufficientis, 1755, Ak. I, Berlin, 1902/10, S.400ff.）。しかしクルージウ

[クルージウスの根拠概念図]

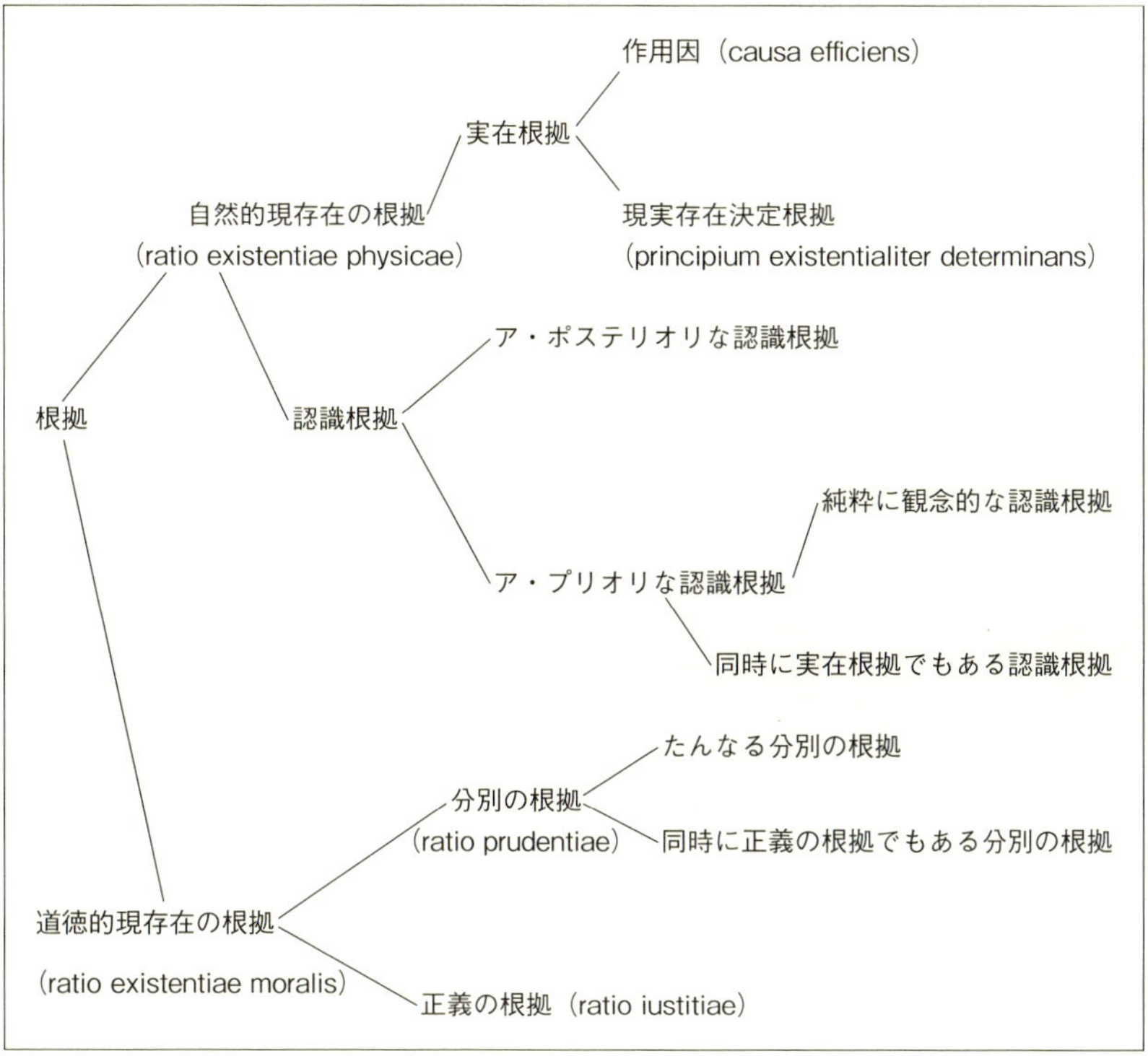
作用因（causa efficiens）
実在根拠
自然的現存在の根拠
(ratio existentiae physicae)
現実存在決定根拠
(principium existentialiter determinans)
ア・ポステリオリな認識根拠
根拠
認識根拠
純粋に観念的な認識根拠
ア・プリオリな認識根拠
同時に実在根拠でもある認識根拠
たんなる分別の根拠
分別の根拠
(ratio prudentiae)
同時に正義の根拠でもある分別の根拠
道徳的現存在の根拠
(ratio existentiae moralis)
正義の根拠（ratio iustitiae）

スは人間の行為に対して「決定根拠」を認めないものの、「充足根拠」を認めることで自由な行為の可能性と同時にその合理性を確保している。「どちらにでも傾きうる」という自由の非決定的側面を強調すれば均衡中立という批判もあながち的外れではないが、行為が無根拠に生じるとは考えていない点で、クルージウスはカントが考えているような均衡中立論者ではないと言えるであろう。

(28) Carl Festner, *Christian August Crusius als Metaphysiker*, Inaugural-Dissertation zur Erlangung der philosophischen Doctorwürde der hohen philosophischen Fakultät der Vereinigten Friedrichs-Universität Halle-Wittenberg, Halle a.S., 1892, S.18.

(29) クルージウスはヴォルフの『存在論』第三〇二節の以下の定義を引用している(CP. IV. 1, S.195)。「それ自体としてあるいは絶対的に考察されたものの反対が不可能であるか、矛盾を含むものは絶対的に必然的であると称する。しかしながらその反対が与えられた仮定あるいは与えられたある条件のもとにおいてのみ不可能であるか、矛盾を含むものは仮定的に必然的である」(C. Wolff, *Ontologia*, § 302, WW. II, 3, S.241)。クルージウスによれば、仮定的必然性が「与えられた条件のもとにおいてのみ」現にあるものが生じる必然性であるとしても、その条件の系列自体が「決定根拠」に基づく限り、その必然性は絶対的必然性に転じるが故に、ヴォルフの定義は不十分なのである。

第五章

(1) G. F. Meier, a.a.O., § 171, S.47. 蓋然性が不十分な根拠の十分な根拠への関係によって決定されるというカントの解釈は、マイアーの解釈よりもむしろヴォルフの解釈を継承している。本書第二章一の**1**を参照。

(2) ドイツ啓蒙主義哲学における蓋然性と仮象性の概念史、源泉史、およびカントにおける両概念の区別については、Funaki, a.a.O., 2002を参照。トネリはカントの蓋然性と仮象性の区別が、フレミヒェンの「蓋然的なもの」と「真理に類似したもの」(Wahrheitsähnliche)との区別に由来する可能性を指摘する(G. Tonelli, Kant und die antiken Skeptiker, in: *Studien zu Kants philosophischer Entwicklung*, hrsg.v. Heinz Heimsoeth, Dieter Henrich u. Giorgio Tonelli, *Studien und*

Materialien zur Geschichte der Philosophie, Bd.6, Hildesheim, 1967, S.104）。しかしフレミヒェンは「あるものの諸根拠をその反対の諸根拠に対して数えたり測ったりする」ことによってはじめて「それが蓋然的であると称することができる」と述べており（K.H.Frömmichen, a.a.O., S.25）、十分な根拠に基づく確実性を尺度とすることによってのみ蓋然性を規定できるとは考えていない。また「真理に類似したもの」は「その原因を完全には理解していない現象を、その原因を……理解している類似した現象と比較すること」で「蓋然的になる」と述べており（K.H. Frömmichen, a.a.O., S.32）、原理的な区別ではないという点において、蓋然性と仮象性の区別とは異なっている。

（3）講義録の年代決定についてはN・ヒンスケの見解にしたがった。Vgl. Norbert Hinske, *Kant-Index*, Bd.3,5,6. FMDA, Abt. III, Bd.7,9,10, Stuttgart-Bad Cannstatt, 1989–99.

（4）僅かに言及されている『活力測定考』（*Gedanken von der wahren Schätzung der lebendigen Kräfte*, 1747, Ak. I, Berlin, 1902/10, S.32）や『負量概念を哲学に導入する試み』（*Versuch den Begriff der negativen Größen in die Weltweisheit einzuführen*, 1763, Ak. II, Berlin, 1905/12, S.167）においても、主題的には論じられていない。

（5）J.H.Zedler, a.a.O., Bd.18, S.264.

（6）このことは『ブロンベルク論理学』において、「蓋然性の論理学」がその一部分である実践的論理学が、理論的論理学において示された学的認識の規則を「特殊な場合に適用する」論理学の部門であるとみなされていることとも一致する（Ak.XXIV.1, S.38）。

（7）なおカントはすでに『ブロンベルク論理学』において、蓋然性の評価そのものの困難さをも指摘している。すなわち、「……確実な認識の規則は蓋然的なものの認識の規則よりも容易に見出される。確実性の根拠は規定されているが、蓋然性の根拠は規定されていない。あることが蓋然的である場合には、その蓋然性がいかほどの大きさであるかが示されるべきであるが、それを規定するのは困難である」（Ak.XXIV. 1, S.38）。

（8）一七六〇－七〇年代のレフレクシオーンにおけるカノンとオルガノンの用語法の変化については以下を参照。Sonia Carboncini/Reinhard Finster, Das Begriffspaar Kanon-Organon. Seine Bedeutung für die Entstehung der kritischen

Philosophie Kants, in: *Archiv für Begriffsgeschichte*, 26, 1982, S.41-51.

（9）訳文中の（　）内はこのレフレクシオーンと同年代にカントによって書き加えられた部分、［　］内はカントによって線を引いて消された部分を示す。

（10）オルガノンを「特殊論理学」とみなすカントの見解は、オルガノンをあらゆる学問に適用される「一般論理学」とみなすランベルトの見解とは対照的である。両者の相違は一七七〇年代後半の講義に由来するとみなされているカントの『哲学的エンチュクロペディー講義』の以下のランベルト評価においても明らかである。「各々の特定の学問についてのオルガノンは可能であるが、しかし悟性一般と理性一般のオルガノンとしての論理学は不可能である。……ランベルトはそのようなオルガノンを著わしたが、しかしそれは細分化されており、彼は認識の各様式を個別に考察しているのである」（Ak.XXIX.1.1, S.32）。ここでカントはランベルトの『新オルガノン』の各章を「個別の認識様式」すなわち「特殊論理学」とみなしているが、ランベルト自身は各章があらゆる学問に一般的に適用される「一般論理学」の各部分とみなしているのである。Vgl. G. Tonelli, *Kant's Critique of pure reason within the tradition of modern logic*, 1994, pp.161-162.

（11）カントは理論的／実践的論理学という区分は廃止したが、これに代えて『純粋理性批判』において、「超越論的原理論」と「超越論的方法論」という区分を採用した（A15-16 = B29-30, A707-708 = B735-736）。カントは方法論を、学問体系を構築する際の正しい理性使用の形式を規定する部門とみなしており、したがってオルガノンではなくカノンとみなしている。こうした新しい区分が採用される経緯については以下を参照。Elfriede Conrad, *Kants Logikvorlesungen als neuer Schlüssel zur Architektonik der Kritik der reinen Vernunft. Die Ausarbeitung der Gliederungsentwürfe in den Logikvorlesungen als Auseinandersetzung mit der Tradition*, FMDA, Abt. II, Bd.9, Stuttgart-Bad Cannstatt, 1994, S.75-100.

（12）分析論／弁証論の区分が十七－十八世紀のドイツ哲学に受け継がれた経緯については以下の文献を参照。G. Tonelli, Der historische Ursprung der kantischen Termini „Analytik" und „Dialektik", in: *Archiv für Begriffsgeschichte*, Bd.7, 1962, S.120-139. トネリによればヴォルフ学派においては、論理学はもっぱら論証の道具とみなされたため、この区分は見過ごされた。トネリは十八世紀のドイツ啓蒙主義哲学においてこの区分を採用している論理学書として、折衷学派のダリエスの論理学書（Joachim Georg Darjes, *Introductio in artem inveniendi seu Logicam theoretico-practicam qua analytica atque dialectica in usum et iussu auditorum suorum methodo iis commoda proponuntur*, Jena, 1742）を挙げ、カントへの影響の可能性を指摘している。

（13）G.F.Meier, a.a.O., §6, S.2. マイアーの論理学で実際に扱われているのは分析論の部分のみである。

（14）G.F.Meier, *Vernunftlehre*, §12, Halle, 1762(2), 1752(1), S.13

（15）「任意の結合」による概念の形成法はヴォルフにも見出されるが、その対象がカントの場合のように数学的概念に限定されていない。この点については以下の論文を参照。山本道雄「構成と演繹——カントの数学論における直観の問題」、カント研究会（松山寿一・犬竹正幸）編『現代カント研究4　自然哲学とその射程』晃洋書房、一九九三年、一四五－一七八頁所収。「カントの数学論——構成と演繹」、『文化學年報』第十号、神戸大学大学院文化学研究科編、一九九一年、一－四七頁初出。

（16）「加法、減法など、また開法のような量一般（数）」の部分はアカデミー版ではGrößen überhaupt（Zahlen）als der Addition, Subtraktion u.s.w., Ausziehung der Wurzel... となっているが、哲学文庫版ではGrößen überhaupt（Zahlen, als der Addition, Subtraktion usw.）, Ausziehung der Wurzel... となっている。ここではアカデミー版にしたがった。

（17）山本、前掲書、一六四－一六五頁。

（18）『判明性論文』から『純粋理性批判』へ至る「哲学的方法」の展開については拙稿「カント前批判期の哲学的方法論」、『愛知』第十五号、神戸大学哲学懇話会編、一九九九年、五四－六九頁を参照。

（19）Alexander Gottlieb Baumgarten, *Metaphysica*, §15-16, 1779(7), 1739(1); Nachdruckauflage der Ausgabe Halle 1779（Editio VII）, Hildesheim/New York, 1982, S.5-6.

（20）C. Wolff, *Anmerkungen zur deutschen Metaphysik*, §6, WW. I, 3, S.12-13.

（21）A.G.Baumgarten, a.a.O., §168, S.49.

（22）カントにおいてもヴォルフやランベルトと同様に、蓋然性の計算は基本的には骰子のような総数が既知の有限個の場合において考察されている。この点についてはMadonna 1992, S.34を参照。なおこの論文でマドンナは、カントが批判哲学の展開にしたがって漸次「蓋然性の論理学」を否定するに至ったことを解明しているが、超越論哲学そのものにおける「蓋然性」の概念の位置づけについては触れていない。本節の意図はこの点を解明することにある。

（23）C. Wolff, *Ontologia*, § 302, WW. II, 3, S.241.

（24）ただし前批判期においてカントは、ライプニッツ＝ヴォルフ学派の「最善世界説」をそのまま継承していた。一七五九年カントは『オプティミズムについての若干の考察の試み』（*Versuch einiger Betrachtungen über den Optimismus*, Den 7. October 1759, Ak. II, Berlin, 1905/12, S. 27-36）と題する論文を発表した。この年ケーニヒスベルク大学のヴァイマンが「世界は最善ではない」という就職論文の公開討論を行なった際、カントに対し反対討論を要請したが、カントはこれを拒絶し、その代わりに発表されたのがこの論文である。この論文はオプティミズムのより偉大な反対者クルージウスに対する反対という形をとっており、その中でカントは最善世界の選択と自由の問題に触れ、以下のように述べる。「さらにひとが明確に最善だと見なすことを選ばざるをえないということは、おそらく意志の束縛であり、自由を放棄する必然性である。確かに、この必然性の反対が自由であるならば、そしてここに困難の迷路の分岐点があり、私が危険を冒しながら一方の道を選ぶことを決めなければならないとすれば、私は長くは思案しない。……もし私が誤りを犯してまでも選択すべきならば、私はむしろ、あの居心地の良い、最善のみを産み出すことのできる妥当な必然性を好むのである」（Ak. II, S.34）。しかし晩年カントはこの書物を見つけ次第すべて破棄することを命じたということである。

（25）カントの「仮定的必然性」については拙稿「カントにおける「蓋然性」の哲学的基礎」、『日本カント研究10』日本カント協会編、二〇〇九年、一一八‐一二九頁を参照。なおこの論文で筆者はカントの仮定的必然性が「経験に基づく」必然性であるが故に、ライプニッツやヴォルフの決定論的な困難が緩和されていると解釈した。しかし仮定的必然性が経験に基づくということは仮定的必然性が「経験的に規定される」ということを意味するのではない。上述のように仮定的必然性は原因－結果という前提条件を必要とする二項関係の必然性を意味するが、この関係は悟性の普遍的な規則によってア・プリオリに規定されている。したがって存在論的か認識論的かという差異はあれ、カントの超越論哲学もやはり決定論的であるというのが本書の解釈である。

(26) 講義録の原文では moralische Weisheit と記載されている（Ak.XXIV. 1, S.200）が、moralische Gewißheit の誤記と判断される。

(27) 本書序章註（8）、第四章一の1参照。

(28) 本章一の2で示されたように、前批判期のカントはまだ蓋然性を数学に限定しておらず、論理的な蓋然性の可能性を認めていた。

(29) この講義録は講義のテキストとして用いられたマイアーの『論理学綱要』第一七五節に対応しているが、カントの批判はクルージウスには当てはまるものの、マイアーには当てはまらない（Funaki, a.a.O., S.212）。マイアーは「道徳的確実性」について次のように述べている。「われわれの規則に適った振舞い（Verhalten）においてよい度合いである蓋然性の大なる度合いは、周到な確実性と同等の度合いであり、道徳的確実性と称される」（G.F.Meier, *Auszug aus der Vernunftlehre*, § 175, S.48–49）。マイアーは『論理学』においても、道徳的確実性を人間の振舞いに関係づけている（G.F.Meier, *Vernunftlehre*, § 207, S.287–288）。

(30) カントによれば、物理神学的証明は世界の秩序と合目的性から推理された世界の偶然性に赴き、世界の偶然性から「端的に必然的なものの現存在」へと至り、さらに「第一原因の絶対的必然性という概念」から「一切を包括する実在性という概念」に至るが、これは宇宙論的証明の歩みに他ならず、宇宙論的証明は「隠れた存在論的証明」にすぎないから、存在論的証明が成立しない以上、物理神学的証明も成立しないのである（A629＝B657）。

(31) カントは一ドゥカーテンならあえて賭ける人も、一〇ドゥカーテンを賭けることになってはじめて、「彼が以前には気づかなかったことを、つまり彼が誤っていたということも確かにありうることを認めるに至る」（A825＝B853）と述べている。これは確率論のいわゆる「論拠の重み」に相当する議論であり、興味深い。

(32) カントは後に『判断力批判』第八五節以下で、神の存在の信仰に関して、自然神学より道徳神学(倫理神学)が優位にあることを明らかにしている(Ak. V, S.436ff.)。ここでの議論はこの議論を先取りしていると言えるであろう。

(33) 「理性信仰」の成立史については以下を参照。宇都宮芳明『カントと神――理性信仰・道徳・宗教』、第二章「「理性信仰」の由来」、岩波書店、一九九八年、三三-五四頁。宇都宮氏によれば「理性信仰」という言葉自体は『純粋理性批判』ではじめて登場するが、それ以前の講義録には「理性的信仰」(vernünftiger Glaube)という言葉が使用されている(Ak.XXIV.1, S.149)。この言葉は講義のテキストとして用いられたマイアーの『論理学綱要』に由来する(G. F. Meier, *Auszug aus der Vernunftlehre*, §214, S, 60-61)が、マイアーの場合理性的信仰は信じるに値する証人に対する「歴史的信仰」であったのに対し、カントの場合「神がある」「来世がある」といった「道徳的信仰」を意味し、すでにこの時点で理性信仰の内実は出来上がっていたと見られる。『純粋理性批判』以降理性信仰は実践哲学との緊密な結びつきにおいて展開され、「実践理性による信仰」として確立されることになる。

あとがき

本書はドイツ啓蒙主義哲学の「蓋然性」に関して筆者が発表してきた論文を加筆訂正し、新たに書き下ろしを加えて広島大学に提出した学位請求論文『ドイツ啓蒙主義哲学における「蓋然性」の研究』を元としてできたものである（初出の論文は文献一覧に掲載した）。

筆者が蓋然性の問題に関心を持った直接のきっかけはI・ハッキングの *"The Emergence of Probability"* という本を読んだことである。この本は確率概念の成立史の研究書であるが、従来知識よりも劣る通念として扱われた「蓋然性」が数量化されて「確率」として成立する過程を様々な局面から辿っている。とりわけ筆者はその中で主張されている、蓋然性の哲学的基礎がライプニッツの「可能的なものは現実存在を要求する」という哲学思想にあるという解釈に刺激を受けた。蓋然性の問題が哲学的には可能性と現実性、偶然性と必然性といった様相の問題に関係していることに興味を抱いたのである。

もうひとつのきっかけは、一九九七年に文部省（当時）在外研修員として半年間ドイツ・トリアー大学のノルベルト・ヒンスケ教授の許に留学したとき、それまで研究していたカント哲学をドイツ啓蒙主義哲学の展開に位置づける視点を学んだことである。とりわけ「論理学」の展開を辿ることは、カント哲学の基本的枠組みを理解する上で極めて重要であることを学んだ。こうした論理学への関心と確率論への関心とが、筆者を本研究へと向かわせたのである。その後二度に渡って文部科学省科学研究費補助金の交付（萌芽的研究・課題番号13871001「ドイツ啓蒙主義哲学における「蓋然性」の研究」二〇〇一－二年、基盤研究（C）・課題番号19520038「ドイツ啓蒙主義における「蓋然性の論理学」の展開とカント哲学」二〇〇七－九年）を受け、研究を遂行する上で大きな支えとなった。哲学を志して以来、いずれは必ず学位論文をまとめるという初志を貫いてきたが、今ようやく長年の思いを達成することができ、感慨無量である。同時に筆者の拙い研究を支えていただいた多くの方々への感謝の思いで胸が一杯である。

広島大学名誉教授・隈元忠敬先生には広島大学文学部の学部学生のときから大学院博士課程までご指導いただいた。学部ではフィヒテ、大学院ではカントを読んでいただいたが、先生の原典の読みは厳密そのものであった。哲学研究の基本が原典の緻密な読解にあることを徹底して指導していただいた。筆者が曲りなりに研究者として自立できたのは先生のご指導のおかげである。また本書のために序文を書いていただき、心より感謝申し上げたい。

本書の元になった学位請求論文は二〇一一年に広島大学に提出され、二〇一二年に学位論文として認められた。主査の労をとっていただいたのは、広島大学大学院文学研究科の山内廣隆教授であった。後藤弘志教授、越智貢教授、松井富美男教授、赤井清晃准教授に副査を引き受けていただいた。先生方には難解な拙論を精読していただき、適切なご質問をしていただいたことに心より感謝したい。また外国語の試験を引き受けてくださったのは欧米文学語学の地村彰之教授であった。

学外から専門家として審査に加わっていただいたのは神戸大学名誉教授・山本道雄先生であった。筆者は一九九三年に現在の学校に赴任して以来、先生が退官されるまでの十四年間週に一度「学外研修」として先生のゼミ・演習に参加させていただいた。その間ドイツ啓蒙主義哲学やカント哲学に関して多くの知見を与えていただき、また文献について多くの情報を提供していただいた。本書のテーマである「蓋然性」の問題に取り組んだのも、先生からお借りしたI・ハッキングの本を読んだことがきっかけとなった。筆者は「急がば回れ」「人がやっていないことを研究することに意義がある」という先生のお言葉を座右の銘にしてこれまで研究を続けることができたのであり、先生の学恩なしには本書の完成はありえなかった。心より感謝申し上げたい。

ナカニシヤ出版の石崎雄高氏には本書の出版に際し、大変お世話になった。初めての単著の出版で不慣れな筆者をサポートしていただき、心より感謝申し上げたい。

最後に本書の出版を誰よりも心待ちにしていたであろう今は亡き父に本書を捧げると同時に、長い間心配を掛けた母に心よりお詫びと感謝の気持ちを申し上げたい。

二〇一三年四月二十四日

手代木　陽

するＩＤ科学革命』アートヴィレッジ，2009年。

Wilson, Margaret D.: Possibility, Propensity, and Chance: Some Doubts about the Hacking Thesis, in: *The Journal of Philosophy* 68, 1971, pp.610-617.

Wundt, Max: *Die deutsche Schulphilosophie im Zeitalter der Aufklärung*, Tübingen, 1945, Nachdruck: Hildesheim, 1964.

山本道雄「Ｃ．Ａ．クルージウスの哲学――経験的主観性の哲学」，『文化學年報』第9号，神戸大学大学院文化学研究科編，1990年，1－123頁所収。

――――「構成と演繹――カントの数学論における直観の問題」，カント研究会（松山寿一・犬竹正幸）編『現代カント研究4　自然哲学とその射程』晃洋書房，1993年，145－178頁所収。

――――「クリスティアン・ヴォルフの論理学思想について――『ラテン語論理学』の概念論，判断論，真理論を中心に」，『文化學年報』第14号，神戸大学大学院文化学研究科編，1995年，105－166頁所収。

――――『カントとその時代――ドイツ啓蒙思想の一潮流』〔改訂増補版〕晃洋書房，2010年。

米盛裕二『アブダクション――仮説と発見の論理』勁草書房，2007年。

――――「ランベルトにおける「蓋然性」の哲学的基礎」，『神戸高専研究紀要』第44号，2006年，77－82頁所収（本書第三章四）。
――――「カントにおける「蓋然性」の哲学的基礎」，『日本カント研究10』日本カント協会編，2009年，117－132頁所収（本書第五章一の**1**，**2**，**3**，二の**2**，三）。
――――「可能性と蓋然性――ヴォルフとカントの差異」，『神戸高専研究紀要』第48号，2010年，139－146頁所収（本書第一章，第二章一，二，第五章二の**2**，三）。
――――「クルージウスにおける「蓋然性の方法」の展開」，『神戸高専研究紀要』第50号，2012年，147－156頁所収（本書第四章）。
Todhunter, Isaac: *A History of the Mathematical Theory of Probability: From the Time of Pascal to that of Laplace*, London, 1865, repr. Bristol, 2001（アイザック・トドハンター『確率論史――パスカルからラプラスの時代までの数学史の一断面』改訂版，安藤洋美訳，現代数学社，2002年）.
Tonelli, Giorgio: Der Streit über die mathematische Methode in der Philosophie in der ersten Hälfte des 18.Jahrhunderts und die Entstehung von Kants Schrift über die „Deutlichkeit“, in: *Archiv für Philosophie*, Bd.9, 1959, S.37-66.
――――：Der historische Ursprung der kantischen Termini „Analytik“ und „Dialektik“, in: *Archiv für Begriffsgeschichte*, Bd.7, 1962, S.120-139.
――――：Die Anfänge von Kants Kritik der Kausalbeziehungen und ihre Voraussetzungen im 18.Jahrhundert, in: *Kant-Studien*, Bd.57, 1966, S.417-456.
――――：Kant und die antiken Skeptiker, in: *Studien zu Kants philosophischer Entwicklung*, hrsg.v. Heinz Heimsoeth, Dieter Henrich u. Giorgio Tonelli, *Studien und Materialien zur Geschichte der Philosophie*, Bd.6, Hildesheim, 1967, S.93-123.
――――：*Kant's Critique of pure reason within the tradition of modern logic. A Commentary on its History*, Edited from the Unpublished Works of Giorgio Tonelli by David H. Chandler, *Studien und Materialien zur Geschichte der Philosophie*, Bd.37, Hildesheim/Zürich/New York, 1994.
内井惣七『科学哲学入門――科学の方法・科学の目的』世界思想社，1995年。
宇都宮芳明『カントと神――理性信仰・道徳・宗教』岩波書店，1998年。
渡辺久義・原田正『ダーウィニズム150年の偽装――唯物論文化の崩壊と進行

Irrtum und Schein, herausgegeben,bearbeitet und mit einem Anhang versehen von Günter Schenk, Berlin, 1990.

Schneiders, Werner: Praktische Logik. Zur Vernunftlehre der Aufklärug im Hinblick auf Reimarus, in: *Logik im Zeitalter der Aufklärung. Studien zur ‚Vernunftlehre' von Hermann Samuel Reimarus*, hrsg.v. Wolfgang Walter und Ludwig Borinski（= *Veröffentlichungen der Joachim Jungius-Gesellschaft der Wissenschaften* Bd.38), Göttingen, 1980, S.75-92.

Shafer, Glenn: A Theory of Statistical Evidence, in: Harper and Hooker (eds.), *Foundations of Probability Theory, Statistical Inference, and Statistical Theories of Science*, Vol. II, Dordrecht-Holland, 1976, pp.365-436.

———— : *A Mathematical Theory of Evidence*, Princeton, 1976.

———— : Non-Additive Probabilities in the Work of Bernoulli and Lambert, in: *Archive for History of Exact Sciences*, Vol.19, 1978, pp.309-370.

———— : Bayes's Two Arguments for the Rule of Conditioning, in: *The Annals of Statistics*, Vol.10, No.4, 1982, pp.1075-1089.

Sheynin, Oscar B.: J.H.Lambert's Work on Probability, in: *Archive for History of Exact Sciences*, Vol.7, 1971, pp.244-256.

Spoerhase, Carlos: Die „mittelstrasse" zwischen Skeptizismus und Dogmatismus: Konzeptionen hermeneutischer Wahrscheinlichkeit um 1750. in: *Unsicheres Wissen. Skeptizismus und Wahrscheinlichkeit 1550-1850*, hrsg.v.C.Spoerhase, Dirk Werle, Markus Wild, Berlin/New York, 2009, S.269-300.

手代木陽「カント前批判期の哲学的方法論」,『愛知』第15号，神戸大学哲学懇話会編，1999年，54－69頁所収。

————「クリスティアン・ヴォルフにおける「蓋然性」の哲学的基礎」,『哲學』第54集，広島哲学会編，2002年，31－44頁所収（本書第一章，第二章一，二）。

————「「非加法的蓋然性」を巡る展開——ヤーコプ・ベルヌーイとランベルト」,『アルケー』第14号，関西哲学会年報，2006年，116－125頁所収（本書第三章二）。

————「蓋然的推理における異種的な論拠の組合せ——ランベルトのベルヌーイ批判」,『哲學』第58集，広島哲学会編，2006年，1－12頁所収（本書第三章三）。

Leibniz, in: *Aufklärung* 5/1, 1990, S.103-116［Madonna 1990］.
――――：Kant und der Probabilismus der Aufklärung, In: *Aufklärung* 7/1, 1992, S.25-41［Madonna 1992］.
――――：Die Philosophie der Wahrscheinlichkeit von Jakob Bernoulli, in: *Veritas filia temporis? Philosophiehistorie zwischen Wahrheit und Geschichte.Festschrift für Rainer Specht zum 65.Geburtstag*, hrsg.v.Rolf W. Puster, Berlin/New York, 1995, S.184-205［Madonna 1995］.
――――：Theorie und Kritik der Vernunft bei Gottfried Wilhelm Leibniz, in: *Vernunftkritik und Aufklärung, Studien zur Philosophie Kants und seines Jahrhunderts*, hrsg.v. Michael Oberhausen unter Mitwirkung von Heinrich P. Delfosse und Riccardo Pozzo, Stuttgart-Bad Cannstatt, 2001, S.59-81［Madonna 2001］.
Motta, Giuseppe: *Kants Philosophie der Notwendigkeit*, in: *Europäische Hochschulschriften*, Reihe XX, *Philosohie*, Bd.709, Frankfurt am Main/Berlin/Bern/ Bruxelles/New York/Oxford/Wien, 2007.
中島義道「ランベルトの現象学」，廣松渉・坂部恵・加藤尚武編『講座ドイツ観念論　第一巻　ドイツ観念論前史』弘文堂，1990年，257－288頁所収。
Neubauer, John: *Symbolismus und Symbolische Logik: die Idee der ars combinatoria in der Entwicklung der modernen Dichtung*, München, 1993（ジョン・ノイバウアー『アルス・コンビナトリア――象徴主義と記号論理学』原研二訳，ありな書房，1999年）.
Pape, Ingetrud: *Tradition und Transformation der Modalität*, erster Bd., Möglichkeit- Unmöglichkeit, Hamburg, 1966.
Pozzo, Riccardo: *Kant und das Problem einer Einleitung in die Logik. Ein Beitrag zur Rekonstruktion der historischen Hintergründe von Kants Logik-Kolleg*, in: *Europäische Hochschulschriften*, Reihe XX, *Philosohie*, Bd.269, Frankfurt am Main /Bern/New York/Paris, 1989.
Risse, Wilhelm: *Die Logik der Neuzeit*, 2.Band, Stuttgart-Bad Cannstatt, 1970.
Ruse, Michael: *Darwin and Design: Does Evolution Have a Purpose?* Cambridge, 2003（マイケル・ルース『ダーウィンとデザイン――進化に目的はあるのか？』佐倉統・土明文・矢島壮平訳，共立出版，2008年）.
Schenk, Günter: *Appendix zum J. H. Lamberts Neues Organon oder Gedanken über die Erforschung und Bezeichnung des Wahren und dessen Unterscheidung vom*

Hailperin, Theodore: The Development of Probability Logic from Leibniz to MacColl, in: *History and Philosophy of Logic*, 9, 1988, pp.131-191.

林知宏『ライプニッツ――普遍数学の夢』〈コレクション数学史2〉佐々木力編, 東京大学出版会, 2003年。

伊藤邦武『人間的な合理性の哲学――パスカルから現代まで』頸草書房, 1997年。

――――『偶然の宇宙』〈双書 現代の哲学〉, 岩波書店, 2002年。

Jeffrey, Richard: *The Logic of Decision*, Chicago, 2nd edition, 1983.

Keynes, John Maynard: *A Treatise on Probability*, in: *The Collected Writings of J.M. Keynes*, Vol. VIII, London/Basingstoke, 1973 (1.edition 1921).

木村慎哉・常俊宗三郎・安井惣二郎・山本道雄・吉田六弥『論理学』〈哲学叢書〉晃洋書房, 1999年。

Kneale, William & Kneale, Martha: *The Development of Logic*, Oxford, 1984.

Knebel, Sven K.: *Wille, Würfel und Wahrscheinlichkeit. Das System der moralischen Notwendigkeit in der Jesuitenscholastik 1550-1700*, Paradeigmata 21, Hamburg, 2000.

Krieger, Martin: *Geist, Welt und Gott bei Christian August Crusius. Erkenntnis-theoretisch-psychologische, kosmologische und religionsphilosophische Perspektiven im Kontrast zum Wolffschen System*. in: *Epistemata Würzburger wissenschaftliche Schriften*, Reihe Philosophie, Bd.126, Würzburg, 1993.

Lehner, Ulrich L.: *Kants Vorsehungskonzept auf dem Hintergrund der deutschen Schulphilosophie und –theologie*, in: *Brill's Studies in Intellectual History*, General Editor: A.J. Vanderjagt, Vol.149, Leiden/Boston, 2007.

Madonna, Luigi Cataldi: Wahrscheinlichkeit und wahrscheinliches Wissen in der Philosophie von Christian Wolff, in: *Studia Leibnitiana. Zeitschrift für Geschichte der Philosophie und der Wissenschaften*, Bd. XIX, 1987, S.2-40 [Madonna 1987].

――――: Wissenschafts- und Wahrscheinlichkeitsauffassung bei Thomasius, in: *Christian Thomasius 1655-1728. Interpretationen zu Werk und Wirkung. Mit einer Bibliographie der neueren Thomasius-Literatur*, hrsg.v. Werner Schneiders, *Studien zum achtzehnten Jahrhundert*, hrsg.v. der Deutschen Gesellschaft für die Erforschung des achtzehnten Jahrhunderts, Bd.11, Hamburg, 1989, S.115-136 [Madonna 1989].

――――: Gewißheit, Wahrscheinlichkeit und Wissenschaft in der Philosophie von

Dembski, William A. & McDowell, Sean: *Understanding Intelligent Design: Everything You Need to Know in Plain Language*, Oregon, 2008.

Dempster, Arthur P.: Upper and lower probabilities induced by a multivalued mapping, in: *Annals of Mathematical Statistics*, Vol.38, 1967, pp.325-339.

Eco, Umberto: *La ricerca della lingua perfetta nella cultura europea*, Roma-Bari, Laterza, 1993（ウンベルト・エーコ『完全言語の探求』上村忠男・廣石正和訳〈叢書ヨーロッパ〉平凡社，1995年）.

Engfer, Hans-Jürgen: *Philosophie als Analysis. Studien zur Entwicklung philosophischer Analysiskonzeptionen unter dem Einfluß mathematischer Methodenmodelle im 17. und frühen 18. Jahrhundert*, FMDA, Abt. II, Bd.1, Stuttgart-Bad Cannstatt, 1982.

Festner, Carl: *Christian August Crusius als Metaphysiker*, Inaugural-Dissertation zur Erlangung der philosophischen Doctorwürde der hohen philosophischen Fakultät der Vereinigten Friedrichs-Universität Halle-Wittenberg, Halle a.S., 1892.

Funaki, Shuku（船木祝）：*Kants Unterscheidung zwischen Scheinbarkeit und Wahrscheinlichkeit, Studien zur Philosophie des 18. Jahrhunderts, Hrsg.v.* Norbert Hinske, Bd.8, Frankfurt am Main/Berlin/Bern/Bruxelles/New York/Oxford/Wien, 2002.

———「認識の批判と拡張——カントにおける「仮象性」と「蓋然性」の区別」カント研究会（木坂貴行・菅沢龍文・河村克俊）編『現代カント研究 9　近代からの問いかけ——啓蒙と理性批判』晃洋書房，2004年，28－55頁所収。

Hacking, Ian: Combined Evidence, in: S. Stenlund (ed.), *Logical Theory and Semantic Analysis, Essays Dedicated to Stig Kanger on His Fiftieth Birthday*, Dordrecht-Holland, 1974, pp.113-123.

———：*The Emergence of Probability. A Philosophical Study of Early Ideas about Probability, Induction and Statistical Inference*, Cambridge, 1975, First paperback edition 1984.

———：*The Taming of Chance*, Ideas in Context 17, Cambridge, 1990（イアン・ハッキング『偶然を飼いならす——統計学と第二次科学革命』石原英樹・重田園江訳，木鐸社，1999年）.

———：*An Introduction to Probability and Inductive Logic*, Cambridge, 2001.

———— : *Herausgebers Einleitung zum Lamberts Neues Organon*, LP. I, Hildesheim, 1965.

———— : *Methodo scientifica pertractatum. Mos geometricus und Kalkülbegriff in der philosophischen Theorienbildung des 17. und 18. Jahrhunderts*, Berlin/New York 1971.

———— : Rationalismus und Empirismus in der Erkenntnislehre Christian Wolffs, in: *Christian Wolff 1679–1754. Interpretationen zu seiner Philosophie und deren Wirkung. Mit einer Bibliographie der Wolff-Literatur*, hrsg.v. Werner Schneiders, *Studien zum achtzehnten Jahrhundert*, hrsg.v. der Deutschen Gesellschaft für die Erforschung des achtzehnten Jahrhunderts, Bd.4, Hamburg, 1983, S.31–47.

Beck, Lewis White: *Early German Philosophy. Kant and His Predecessors*, Cambridge, 1969, repr. Bristol, 1996.

Biermann, Kurt-Reinhard und Faak, Margot: G.W. Leibniz' „De incerti aestimatione". in: *Forschungen und Fortschritte*, 31.Jahrgang, Heft2, 1957, pp.45–50.

Bissinger, Anton: *Die Struktur der Gotteserkenntnis. Studien zur Philosophie Christian Wolffs*, in: *Abhandlungen zur Philosophie, Psychologie und Pädagogik*, Bd.63, Bonn, 1970.

Carboncini, Sonia: Christian August Crusius und die Leibniz-Wolffsche Philosophie, in: *Beiträge zur Wirkungs- Rezeptionsgeschichte von Gottfried Wilhelm Leibniz*, hrsg.v. Albert Heinekamp (*Studia Leibnitiana Suppl.* XXVI), Stuttgart, 1986, S.110–125.

———— : *Transzendentale Wahrheit und Traum: Christian Wolffs Antwort auf die Herausforderung durch den Cartesianischen Zweifel*, FMDA, Abt. II, Bd.5, Stuttgart-Bad Cannstatt, 1991.

Carboncini, Sonia/Finster, Reinhard: Das Begriffspaar Kanon-Organon. Seine Bedeutung für die Entstehung der kritischen Philosophie Kants, in: *Archiv für Begriffsgeschichte*, 26, 1982, S.25–59.

Conrad, Elfriede: *Kants Logikvorlesungen als neuer Schlüssel zur Architektonik der Kritik der reinen Vernunft. Die Ausarbeitung der Gliederungsentwürfe in den Logikvorlesungen als Auseinandersetzung mit der Tradition*, FMDA, Abt. II, Bd.9, Stuttgart-Bad Cannstatt, 1994.

Daston, Lorraine: *Classical Probability in the Enlightenment*, Princeton, 1988.

———— :*Lambert-Index*, Bd.1-4, FMDA, Abt. III, Bd.1-4, Stuttgart-Bad Cannstatt, 1983-87.

廣松渉・子安宣邦・三島憲一・宮本久雄・佐々木力・野家啓一・末木文美士編『岩波　哲学・思想事典』岩波書店，1998年。

Kant im Kontext III, Komplettausgabe 2007: Werke, Briefwechsel, Nachlaß und Vorlesungen auf CD-ROM: Literatur im Kontext Vol.27, Karsten Worm InfoSoftWare.

Meissner, Heinrich Adam: *Philosophisches Lexicon, Darinnen Die Erläuterungen und Beschreibungen aus des salu. tit. tot. Hochberühmten Welt=Weisen, Herrn Christian Wolffens sämmtlichen teutschen Schrifften seines philosophischen Systematis sorgfältig zusammen getragen*, Bayreuth und Hof, 1737, Nachdruck: *Instrumenta Philosophica, Series Lexica* III, Düsseldorf, 1970.

日本イギリス哲学会編『イギリス哲学・思想事典』研究社，2007年。

Ritter, Joachim/Gründer, Karlfried/Gabriel, Gottfried (hrsg.): *Historisches Wörterbuch der Philosophie*, 13Bde., Basel, 1971-2007.

Walch, Johann Georg: *Philosophisches Lexicon, worinnen die in allen Theilen der Philosophie, vorkommende Materien und Kunstwörter erkläret, aus der Historie erläutert, die Streitigkeiten der ältern und neuern Philosophen erzehlt, beurtheilet, und die dahin gehörigen Schriften angeführet werden*, [⋯], 2Bde., Leipzig, 1775(4),1726(1), Nachdruck der 4.Auflage: Hildesheim, 1968.

Zedler, Johann Heinrich (hrsg.), *Grosses vollständiges Universal-Lexikon aller Wissenschaften und Künste, welche bißhero durch menschlichen Verstand und Witz erfunden und verbessert worden*. [⋯], 64Bde., Halle u. Leibzig, 1732-50, u. 4Ergänzungsbde., 1751-54, Nachdruck: Graz, 1961-64.

■第二次文献

Alexander, Werner: Pluraque credimus, paucissima scimus. Zur Diskussion über philosophische und hermeneutische Wahrscheinlichkeit in der ersten Hälfte des 18.Jahrhunderts. in: *Archiv für Geschichte der Philosophie* 78.Bd., 1996, S.130-165.

Arndt, Hans Werner: *Der Möglichkeitsbegriff bei Christian Wolff und Johann Heinrich Lambert*, Dissertation zur Erlangung des Doktorgrades der Philosophischen Fakultät der Georg-August-Universität zu Göttingen, Göttingen, 1959.

ne philosophische Schriften Ⅲ]（『小論集Ⅲ』）, Halle, 1737, WW. I, 21. 3, Hildesheim/New York, 1981.

―――― : *Philosophia rationalis sive Logica, methodo scientifica pertractata et ad usum scientiarum atque vitae aptata. Praemittitur Discursus praeliminaris de philosophia in genere*[*Lateinische Logik*]（『ラテン語論理学』『哲学序説』）, Frankfurt u. Leipzig 1740(3), 1728(1), WW. II, 1. 1-3, Hildesheim/Zürich/New York, 1983（第１部『哲学序説』の邦訳：クリスティアン・ヴォルフ『哲学一般についての予備的叙説』山本道雄・松家次朗訳，『文化學年報』第15号，神戸大学大学院文化学研究科編，1996年，１－163頁所収）.

―――― : *Philosophia prima sive Ontologia, methodo scientifica pertractata, qua omnis cognitionis humanae principia continentur* [*Ontologia*]（『存在論』）, Frankfurt u. Leipzig 1736(2), 1729(1), WW. II, 3, Hildesheim/New York, 1977.

―――― : *Cosmologia generalis, methodo scientifica pertractata, qua ad solidam, inprimis Dei atque Naturae, cognitionem via sternitur* [*Cosmologia*]（『世界論』）, Frankfurt u. Leipzig 1737(2), 1731(1), WW. II, 4, Hildesheim, 1964.

―――― : *Psychologia empirica, methodo scientifica pertractata, qua ea, quae de anima humana indubia experientiae fide constant, continentur et ad solidam universae philosophiae practicae ac theologiae naturalis tractationem via sternitur* [*Psychologia empirica*]（『経験心理学』）, Frankfurt u. Leipzig 1738(2), 1732(1), WW. II, 5, Hildesheim, 1968.

―――― : *Horae subsecivae Marburgenses Anni MDCCXXX, quibus Philosophia ad publicam privatamque utilitatem aptatur*（『マールブルク時間外講義』）, Frankfurt u. Leibzig 1731-2, WW. II, 34. 1-3, Hildesheim/Zürich/New York, 1983.

▩ Lexicon, Index

麻生健・黒崎政男・小田部胤久・山内志朗編『羅独－独羅学術語彙事典』（*ONOMASTICON PHILOSOPHICUM*. Latinoteutonicum et Teutonicolatinum），哲学書房，1989年。

有福孝岳・坂部恵他編『カント事典』弘文堂，1997年。

Hinske, Norbert(hrsg.): *Kant-Index*, Bd.3,5,6, *Forschungen und Materialien zur deutschen Aufklärung* [FMDA], Abt. III, Bd.7,9,10, Stuttgart-Bad Cannstatt, 1989-99.

(2),1728(1), in: *THOMASIANI. Materialien und Dokumente zu Christian Thomasius*, hrsg.v.Werner Schneiders unter Mitarbeit von Kay Zenker, Bd.3, Teil 2. 1, Hildesheim/Zürich/New York, 2008.

Pascal, Blaise: *Pensées de Blaise Pascal*, Nouvelle édition, collationnée sur le manuscrit autographe et publiée avec une introduction et de notes par Léon Brunschvicg, Tome II, fragment 234, repr. Nendeln/Liechtenstein, 1976 (Originally published: *Oeuvres de Blaise Pascal*, Tome XIII, Paris, 1904)（パスカル『パンセⅠ・Ⅱ』前田陽一・由木康訳〈中公クラシックス W11〉中央公論新社，2001年）.

Thümmig, Ludwig Philipp: *Institutiones philosophiae Wolfianae in usus academicos adornatae,* I, Frankfurt u. Leipzig, 1726(2), 1725(1), WW. III, 19. 1, Hildesheim/Zürich/New York, 1982.

Wolff, Christian: *Vernünftige Gedancken Von den Kräften des menschlichen Verstandes Und Ihrem richtigen Gebrauche in Erkäntniss der Wahrheit*[*Deutsche Logik*](『ドイツ語論理学』), Halle, 1754(14), 1712(1), WW. I, 1, Hildesheim/New York, 1978.

———：*Vernünfftige Gedancken von Gott, der Welt und der Seele des Menschen, auch allen Dingen überhaupt*[*Deutsche Metaphysik*](『ドイツ語形而上学』), Halle, 1752(12), 1720(1), WW. I, 2, Hildesheim/Zürich/New York, 1983.

———：*Der Vernünfftigen Gedancken von Gott, der Welt und der Seele des Menschen, auch allen Dingen überhaupt, Anderer Theil, bestehend in ausführlichen Anmerckungen, und zu besserem Verstande und bequemerem Gebrauche derselben* [*Anmerkungen zur deutschen Metaphysik*](『ドイツ語形而上学注解』), Frankfurt am Main, 1760(6), 1724(1), WW. I, 3, Hildesheim/Zürich/New York, 1983.

———：*Christian Wolffens Ausführliche Nachricht von seinen eigenen Schrifften, die er in deutscher Sprache von den verschiedenen Theilen der Welt=Weißheit, heraus gegeben*[*Ausführliche Nachricht*](『ドイツ語著作詳解』), Frankfurt, 1757(3), 1726(1), WW. I, 9, Hildesheim/New York, 1973.

———：Von dem Nutzen der Erkenntnis der Natur, in der Erkenntnis Gottes und der Herrschaft über die Creaturen, in: *Gesammelte kleine philosophische Schrifften, welche meistens aus den Lateinischen übersezet, Dritter Theil, darinnen die zur besondern Vernunfftlehre gehörige Stüke enthalten* [*Gesammelte klei-*

LP. III, IV, Hildesheim, 1965.
Laplace, Pierre-Simon: *Essai Philosophique sur les Probabilités,* in: *Les Maîtres de la pensée scientifique*, Collection de Mémoires et Ouvrages, Publiée par les soins de Maurice SOLOVINE, Vol. I-II, Paris, 1921（ラプラス『確率の哲学的試論』内井惣七訳（解説）〈岩波文庫〉，1997年）．
Leibniz, Gottfried Wilhelm: *Dissertatio de Arte Combinatoria, in qua ex Arithmeticae fundamentis Complicationum ac Transpositionum Doctrina novis praeceptis exstruitur, et usus ambarum per universum scientiarum orbem ostenditur ; nova etiam Artis Meditandi seu Logicae Inventionis semina sparguntur.* [...], 1666, GP. IV, Berlin, 1880, S.27-104（『結合法論（抄）』澤口昭聿訳，下村寅太郎・山本信・中村幸四郎・原亨吉監修『ライプニッツ著作集１　論理学』工作舎，1988年，11－52頁）．
――――：*Nouveaux essais sur l' entendement（humain）par l'Auteur du Systéme de l'Harmonie préétablie*, été1703-été1705, GP. V, Berlin, 1882, S.39-509（『人間知性新論』谷川多佳子・福島清紀・岡部英男訳，『ライプニッツ著作集４・５　認識論㊤㊦』工作舎，1993－1995年）．
――――：*Essais de Théodicée sur la Bonté de Dieu, la Liberté de l'Homme et l'Origine du Mal.* 1710, GP. VI, Berlin, 1885, S.21-462（『弁神論』佐々木能章訳，『ライプニッツ著作集６・７　宗教哲学㊤㊦』工作舎，1990－1991年）．
――――：*Scientia Generalis. Characteristica*, GP. VII, Berlin, 1890, S.43-247.
――――：*De rerum originatione radicali*, 23 Novembr. 1697, GP. VII, Berlin, 1890, S.302-308（『事物の根本的起源について』米山優訳，『ライプニッツ著作集８　前期哲学』工作舎，1990年，91－102頁）．
――――：De incerti aestimatione, Septembr. 1678. in: *Opuscules et fragments inédits de Leibniz. Extraits des manuscrits de la Bibliothèque royale de Hanovre par Louis Couturat*, Paris, 1903, Nachdruck: Hildesheim/Zürich/New York, 1988.
Meier, Georg Friedrich: *Auszug aus der Vernunftlehre*, Halle, 1760(2), 1752(1), Wiederabgedruckt in: *Kant's Handschriftlicher Nachlaß*, Bd. III, *Logik*, Ak.XVI, Berlin und Leipzig, 1924.
――――：*Vernunftlehre*, Halle, 1762(2), 1752(1).
Müller, August Friedrich: *Einleitung in die philosophischen Wissenschaften, Anderer Theil, welcher die Metaphysic, Ethic, und Politic in sich enthält*. Leipzig, 1733

――――：*Immanuel Kant's Logik. Ein Handbuch zu Vorlesungen*, hrsg.v.Gottlob Benjamin Jäsche, 1800, Ak. IX, Berlin, 1923, S.1-150（『論理学』湯浅正彦・井上義彦訳，『カント全集17　論理学・教育学』，2001年，1－208頁）．

――――：*Kant's Handschriftlicher Nachlaß*, Bd. III, *Logik*, Ak.X VI, Berlin und Leipzig, 1924.

――――：*Logik Blomberg*（『ブロンベルク論理学』）. in: *Kant's Vorlesungen*, hrsg. v. Akademie der Wissenschften zu Göttingen, Bd. I, *Vorlesungen über Logik*, Erste Hälfte, Ak.XXIV. 1, Berlin, 1966, S.7-302.

――――：*Logik Philippi*（『フィリピ論理学』）. in: *Kant's Vorlesungen*, Bd. I, *Vorlesungen über Logik*, Erste Hälfte, Ak.XXIV. 1, Berlin, 1966, S.303-496.

――――：*Logik Pölitz*（『ペーリッツ論理学』）. in: *Kant's Vorlesungen*, Bd. I, *Vorlesungen über Logik*, Zweite Hälfte, Ak.XXIV. 2, Berlin, 1966, S.497-602.

――――：*Wiener Logik*（『ウィーン論理学』）. in: *Kant's Vorlesungen*, Bd. I, *Vorlesungen über Logik*, Zweite Hälfte, Ak.XXIV. 2, Berlin, 1966, S.785-940.

――――：*Metaphysik* L_2. in: *Kant's Vorlesungen*, Bd. V, *Vorlesungen über Metaphysik und Rationaltheologie*, Zweite Hälfte, erster Teil, Ak.XXVIII. 2. 1, Berlin, 1970, S.525-610（『形而上学 L_2』氷見潔訳，『カント全集19　講義録Ⅰ』，2002年，235－358頁）．

――――：*Philosophische Enzyklopädie*. in: *Kant's Vorlesungen*, Bd. VI, *Kleinere Vorlesungen und Ergänzungen* I, Erste Hälfte, erster Teil, Ak.XXIX. 1. 1, Berlin, 1980, S.3-46（『哲学的エンチュクロペディー講義』城戸淳訳，『世界の視点　変革期の思想』新潟大学大学院現代社会文化研究科共同研究プロジェクト「世界の視点をめぐる思想史的研究」，2004年，1－65頁所収）．

――――：*Kritik der reinen Vernunft*, Nach der ersten und zweiten Original-Ausgabe neu herausgegeben von Raymund Schmidt, Hamburg, 1926, Durchgesehener Nachdruck: 1976（有福孝岳訳『カント全集4・5・6　純粋理性批判　上・中・下』2001－2006年）．

Lambert, Johann Heinlich: *Neues Organon oder Gedanken über die Erforschung und Bezeichnung des Wahren und dessen Unterscheidung vom Irrthum und Schein*（『新オルガノン』）, Leipzig, 1764, LP. I, II, Hildesheim, 1965.

――――：*Anlage zur Architectonic, oder Theorie des Einfachen und des Ersten in der philosophischen und mathematischen Erkenntniß*（『建築術構想』）, Riga,1771,

Hume, David: *A Treatise of Human Nature*, 1739(1), in: *The Clarendon Edition of the Works of David Hume,* A critical edition, ed. by David Fate Norton, Mary J. Norton, Vol.1: Texts, Oxford, 2007（デイヴィッド・ヒューム『人間本性論　第1巻　知性について』木曾好能訳，法政大学出版局，1995年）.

Kant, Immanuel: *Gedanken von der wahren Schätzung der lebendigen Kräfte und Beurtheilung der Beweise, deren sich Herr von Leibniz und andere Mechaniker in dieser Streitsache bedient haben, nebst einigen vorhergehenden Betrachtungen, welche die Kraft der Körper überhaupt betreffen*［*Gedanken von der wahren Schätzung der lebendigen Kräfte*］, 1747, Ak. I, Berlin, 1902/10, S.1-182（『活力測定考』大橋容一郎訳，坂部恵・有福孝岳・牧野英二編『カント全集1　前批判期論集Ⅰ』岩波書店，2000年，1－214頁）.

――――：*Principiorum primorum cognitionis metaphysicae nova dilucidatio,*［…］, 1755, Ak. I, Berlin, 1902/10, S.385-416（『形而上学的認識の第一原理』山本道雄訳，『カント全集2　前批判期論集Ⅱ』，2000年，173－232頁）.

――――：*Versuch einiger Betrachtungen über den Optimismus*, Den 7. October 1759, Ak. II, Berlin, 1905/12, S.27-36（『オプティミズム試論』加藤泰史訳，『カント全集2　前批判期論集Ⅱ』，273－284頁）.

――――：*Versuch den Begriff der negativen Größen in die Weltweisheit einzuführen*, 1763, Ak. II, Berlin, 1905/12, S.165-204（『負量概念の哲学への導入』田山令史訳，『カント全集3　前批判期論集Ⅲ』，2001年，123－166頁）.

――――：*Untersuchung über die Deutlichkeit der Grundsätze der natürlichen Theologie und der Moral. Zur Beantwortung der Frage, welche die Königl. Akademie der Wissenschaften zu Berlin auf das Jahr 1763 aufgegeben hat*［*Untersuchung über die Deutlichkeit*］(『判明性論文』), 1764, Ak. II, Berlin, 1905/12, S.273-302（『自然神学と道徳の原則の判明性』植村恒一郎訳，『カント全集3　前批判期論集Ⅲ』，167－212頁）.

――――：*Prolegomena zu einer jeden künftigen Metaphysik, die als Wissenschaft wird auftreten können*, 1783, Ak. IV, Berlin, 1903/11, S.253-384（『プロレゴーメナ』久呉高之訳，『カント全集6　純粋理性批判　下・プロレゴーメナ』，2006年，181－372頁）.

――――：*Kritik der Urtheilskraft*, 1790, Ak. V, Berlin, 1908/13, S.165-486（牧野英二訳，『カント全集8・9　判断力批判　上・下』，1999－2000年）.

文献一覧

■第一次文献

Baumgarten, Alexander Gottlieb: *Metaphysica*, 1779(7), 1739(1); Nachdruckauflage der Ausgabe Halle 1779(Editio VII), Hildesheim, 1982.

Bernoulli, Jakob: *Ars Conjectandi*, Basel, 1713, WB, Bd.3, Basel, 1975, S.107-259 (*Wahrscheinlichkeitsrechnung (ars conjectandi) von Jakob Bernoulli*, übersetzt u. hrsg. v. R. Haussner, *Ostwald's Klassiker der exakten Wissenschaften*, Nr.107-108, Leibzig, 1899).

Crusius, Christian August: *Weg zur Gewißheit und Zuverlässigkeit der menschlichen Erkenntnis*(『論理学』), Leipzig, 1747, CP. III, Hildesheim, 1965.

———— : *Entwurf der nothwendigen Vernunft=Wahrheiten, wiefern sie den zufälligen entgegen gesetzt werden*(『形而上学』), Leipzig, 1745, CP. II, Hildesheim, 1964.

———— : *Dissertatio philosophica de usu et limitibus principii rationis determinantis, vulgo sufficientis* (『根拠律論文』), 1750 (2), 1743 (1), CP. Ⅳ .1, *Kleinere philosophische Schriften*, hrsg.v. Sonia Carboncini und Reinhard Finster, Teil 1, Hildesheim, 1987, S.182-324 (C. A. クルージウス『決定根拠律の，あるいは通俗的には充足根拠律の，用法ならびに限界に関する哲学論稿』山本道雄訳，『文化學年報』第9号，神戸大学大学院文化学研究科編，1990年，44－116頁所収).

Darjes, Joachim Georg: *Introductio in artem inveniendi seu Logicam theoretico- practicam qua analytica atque dialectica in usum et iussu auditorum suorum methodo iis commoda proponuntur*, Jena, 1742.

Frömmichen, Karl Heinrich: *Ueber die Lehre des Wahrscheinlichen und den politischen Gebrauch derselben, wobei zugleich eine Theorie des Wahrscheinlichen angezeiget wird*, Braunschweig u. Hildesheim, 1773.

Hoffmann, Adolf Friedrich: *Vernunft=Lehre, Darinnen die Kennzeichen des Wahren und Falschen Aus den Gesetzen des menschlichen Verstandes hergeleitet werden*, Leipzig, 1737, repr. (CD-ROM) Dietrich Scheglmann Reprintverlag, 2003.

マ　行

ヤ・ラ　行

事項索引

（蓋然性，蓋然性の論理学，確率は本書全体にわたって頻出するため，索引項目には含まれていない。）

人名索引

（ライプニッツ，ヴォルフ，ランベルト，クルージウス，カントは本書全体にわたって頻出するため，索引項目には含まれていない。）

■著者略歴
手代木　陽（てしろぎ・よう）
1960年　山形県に生まれる。
1985年　広島大学文学部卒業。
1991年　広島大学大学院文学研究科博士課程単位取得退学。
現　在　神戸市立工業高等専門学校教授。博士（文学）。（専攻／西洋近世哲学）
著訳書　『環境倫理の新展開』〔共著〕（2007年），『知の21世紀的課題』〔共著〕（2001年），『人間論の21世紀的課題』〔共著〕（1997年），『知のアンソロジー』〔共著〕（以上，ナカニシヤ出版，1996年），L. ジープ『ジープ応用倫理学』〔共訳〕（丸善，2007年），L. ジープ他『ドイツ応用倫理学の現在』〔共訳〕（ナカニシヤ出版，2002年），J. P. ベックマン『医の倫理課題』〔共訳〕（富士書店，2002年），他。

ドイツ啓蒙主義哲学研究
――「蓋然性」概念を中心として――

2013年8月17日　初版第1刷発行

著　者　手代木　陽
発行者　中西健夫

発行所　株式会社　ナカニシヤ出版
〒606-8161　京都市左京区一乗寺木ノ本町15
TEL　(075)723-0111
FAX　(075)723-0095
http://www.nakanishiya.co.jp/

印刷・製本／亜細亜印刷

ISBN978-4-7795-0706-9　Printed in Japan

フッサール相互主観性の研究

石田三千雄

「感情移入」を鍵概念として、フッサールの相互主観性理論を丹念に論究。他者経験、客観世界の構成、心身問題、社会性の根拠づけなどの問題群に即しつつ、フッサールにおける相互主観性現象学への展開を克明にたどる。

四六〇〇円＋税

フッサール現象学の倫理学的解釈

―習性概念を中心に―

後藤弘志

フッサールの人格概念の変遷をたどり、現象学全体の性格を規定するその倫理的性向を解明することから、フッサール現象学そのものをひとつの徳倫理学として捉え直したフッサール哲学研究の新展開。

四八〇〇円＋税

哲学と言語

―フッサール現象学と現代の言語哲学―

宮坂和男

《言語》を哲学的に探究するとはいかなることか。フッサール現象学における言語考察を基点に、デリダの言語論へと続く思索の流れを丹念に読み解くことで、混沌とした状況にある現代の言語哲学に一石を投じた労作。

三八〇〇円＋税

ヘーゲル哲学体系への胎動

―フィヒテからヘーゲルへ―

山内廣隆

ヘーゲルとフィヒテの関係を主軸として、フィヒテからシェリング、ヘーゲルへとつながる哲学体系の発展過程を丹念に跡づけた、ドイツ観念論哲学史研究。ヘーゲル哲学揺籃期のダイナミズムをたどる。

四八〇〇円＋税

表示は二〇一三年八月現在の価格です。